ANDREAS FISCHERAUER

Edelbrände
selbst gemacht

Österreichischer Agrarverlag

Vorwort des Autors

Obstbranntweine werden schon seit Jahrhunderten hergestellt. Die Geschichte der Destillation ist immer noch ein Geheimnis und mit Mystik verbunden. Die schnellen Fortschritte der Technologie und die moderne Wissenschaft haben es ermöglicht, dem Geheimnis auf die Spur zu kommen.
Durch neue Systeme und ausgereifte Geräte ist es möglich, Spitzenprodukte mit typischen Fruchtaromen und dem Geschmack der „Natur" herzustellen. Viele Geheimnisse konnten gelüftet werden, doch auch nach Studium dieses Buches werden noch das eine oder andere Geheimnis verbleiben. Eigene Erfahrungen und viele Gespräche mit Berufskollegen haben es möglich gemacht, praxisnahe und nachvollziehbare Anleitungen zur einfachen und effizienten Herstellung von Edelbränden aus Obst und Getreide zu geben.

Ich wünsche Ihnen mit diesem Werk viel Freude und gute Edelbrände!

LITERATURHINWEISE

ANONYM: Lebensmittelhygiene Verordnung EU VO vom 5. August 1997 (LHVO)
ANONYM: Codex Alimentarius Austriacus Kapitel B23 Gebr. Hollenek Wien
ANONYM: Deutsches Branntweinmonopolgesetz vom 8. April 1922, geändert durch die VO vom 29. Oktober 2001
ANONYM: Verordnung (EU) 1576/89 – Spirituosenverordnung
FISCHERAUER, A.: Essig selbst gemacht. Graz 1996
ORTNER, W.: Destillata Guide 1995. Wien 1995
PISCHL, J.: Schnapsbrennen. Graz 2001
SCHOLTEN, G.: Verfahren zur Destillatbehandlung. Trier 1998
SCHULZE, M.: Geistvolles von der Schwäbischen Alb. Frickenhausen 2000
TANNER; BRUNNER: Obstbrennerei Heute. Schwäbisch Hall 1987
VALLENDAR; H.: Seminarunterlagen für Verkoster. Bad Kleinkirchheim 1996
WÜSTENFELD, H.; HAESELER, G.: Trinkbranntweine und Liköre. Berlin 1995

BILDNACHWEIS

Bildquellen Umschlag:
Liesl Biber (oben),
Andreas Fischerauer (unten)
Bildquellen Inhalt:
Andreas Fischerauer

IMPRESSUM

Druck- und Verlagsges.m.b.H. Nfg.KG,
Achauerstraße 49A, A-2335 Leopoldsdorf
E-Mail: office@agrarverlag.at,
Internet: www.agrarverlag.at

1. Auflage

Projektleitung:
Alexandra Mlakar, Österreichischer Agrarverlag
Grafische Gestaltung und Satz:
armanda,geisler Wien
Druck: Gorenjski Tisk

Printed in Slovenia

ISBN: 3-7040-1891-0

Inhalt

Was ist hochwertig?

Konsumenten und Produzenten sprechen immer wieder von „hochwertig". Im Zusammenhang mit Destillaten aus Obst, Getreide und Gemüse könnte der Begriff hochwertig am einfachsten mit einer geschmacklichen Definition umrissen werden:

> ***„Das fertige Produkt riecht und schmeckt nach der namensgebenden Ausgangsware, brennt weder am Gaumen noch sticht es in der Nase. Der Gesamteindruck ist weich, rund und harmonisch."***

Dieses Ziel sollte vom Brenner erreicht werden. Dass dem oft nicht so ist, zeigen alljährliche Bewertungen und Veranstaltungen rund um den Edelbrand. Gründe, die eine gute Qualität verhindern, können entweder bei der Rohware, dem fehlenden Wissen oder auch einem „Nicht-Wollen" gesucht werden. Oftmals wird das Brennen trotz jahrelanger Aufklärung immer noch als Resteverwertung, nicht mit entsprechender Rohware oder traditionell weitergegebenem Wissen durchgeführt.

In einer Zeit, in welcher der Konsument stets weniger Alkohol trinkt und die Ansprüche an ein Getränk stets höher werden, ist es auch in der Branntweinproduktion notwendig geworden, sich den veränderten Konsumentenwünschen anzupassen. Betriebe, die schon vor einigen Jahren diesen Weg erkannt haben und sich vom Alkoholproduzenten zum Edelbrandhersteller entwickelt haben, können gute Erfolge in den Bereichen Image und Wirtschaftlichkeit aufweisen.
Gleichzeitig honorieren die Konsumenten diesen Weg, indem sie Preise für derartige Produkte bezahlen, die vor einigen Jahren nicht einmal für ausländische Spitzenprodukte bezahlt worden wären.

Aus diesem Grund muss jeder, der sich mit der Brandproduktion befasst, begreifen, dass es nur mit höchster Qualität möglich ist, Edelbrände längerfristig am Markt zu positionieren und zum eigenen Vergnügen zu produzieren.

Durch die Vielfalt der verschiedenen Rohmaterialien ist eine breite Palette an interessanten Produkten möglich. Dies schafft auch für viele verschiedene Betriebe ein Nebeneinkommen. Doch auch bei Außer-Acht-Lassen der wirtschaftlichen Seite macht das Produzieren großen Spaß, der mit langem Genuss verbunden ist.

Als **Hauptgründe für das Brennen** als Hobby oder zur wirtschaftlichen Ertragssteigerung können folgende Punkte genannt werden:

- Verringerung der Abhängigkeiten am Pressobstsektor
- Erhaltung der Extensivobstbäume aus ökologischer und ästhetischer Sicht
- Produktionsvorzüge bezüglich Qualität und Echtheit
- Möglichkeit einer Einkommenserweiterung
- Ausübung eines schönen Hobbys
- Genuss und Spaß

Bevor Sie zum eigentlichen Ansetzen schreiten, ist einiges zu überlegen. Sie sollten beachten, dass Sie zu allen Tätigkeiten ein wenig Zeit, vor allem jedoch Freude und Geduld brauchen, was schon beim Sammeln der Ingredienzien notwendig ist. Vielleicht gewinnen Sie jedoch Ihrer Freizeit dadurch interessante Stunden ab und haben große Freude mit den erworbenen Erkenntnissen.

Vor allem sollten Sie jedoch davon ausgehen, dass das Ansetzen eines Schnapses nichts mit geheimnisvollen, nicht erklärbaren Dingen zu tun hat, sondern dass es natürliche Vorgänge sind, die nicht schwierig zu erlernen sind.

Das Ansetzen von Schnäpsen hat auch nichts mit dem Brennen oder Destillieren von Alkohol zu tun. Dieses unterliegt sehr strengen und ausführlichen Gesetzen und sollte in der Regel denen, die es professionell betreiben, vorbehalten bleiben.

Anforderungen an das Rohmaterial

Das zu verarbeitende Obst soll den Grundbedingungen für jedes Obst entsprechen. Um als Rohware für den Konsumenten geeignet zu sein, muss Obst den „großen Drei" – Gesundheit, Reife und Sauberkeit – entsprechen.
Solche Anforderungen werden an jedes Obst und an jede Qualitätsklasse gestellt. Diese Form der Obstverarbeitung unterscheidet sich deutlich von der Industrie, da bei der Edelbrandproduktion wirklich nur beste Früchte verarbeitet werden sowie keine länger gelagerte Rohware zur Verwendung gelangen muss.
Nur wenn die Früchte, das Gemüse oder Getreide diese Eigenschaften erfüllt, ist ein wirklich gutes Produkt möglich. Nicht nur hygienische, sondern auch fundierte fachliche Gründe sprechen für diese drei Grundbedingungen.

Die **Gesundheit** des zu verarbeitenden Rohproduktes ist für den Geschmack und den Geruch eines Brandes unbedingt notwendig. Bei kranken oder faulen Früchten werden schon vor der Verarbeitung Keime und Krankheitserreger in die Maische mitgebracht. Oftmals konnte bei sensorischen Kontrollen festgestellt werden, dass das Getränk schon vor der Vergärung teilweise verdorben ist. Stark erkranktes Obst kann auch einen hohen Anteil an Mykotoxinen im fertigen Brand ergeben. Diese sind bei längerer Einnahme für den menschlichen Körper stark gesundheitsschädigend. Deshalb sollten verschorfte Früchte nur in beschränktem Maße Verwendung finden. Zum Thema Gesundheit zählen aber auch angeschlagene und beschädigte Früchte. Nur bei schneller Weiterverarbeitung können frisch beschädigte Früchte verwendet werden. Sollten die Früchte bereits längere Zeit angeschlagen sein, kommt es zur Bildung von Oxidationsaromen und teilweise zu einer starken Durchsetzung mit für die Gärung negativen Bakterien. Diese vermehren sich dann in der Maische und ergeben oftmals einen nicht typischen Brand. Am einfachsten kann man dies selbst mit einem frisch durchgeschnittenen Apfel und dem Verkosten nach 10 Minuten Wartezeit testen. Diese Aromen sind dann natürlich auch im fertigen Brand wiederzufinden.

Die **Sauberkeit** sollte als Grundlage für ein bäuerliches Produkt anzusehen sein. Maische und andere Obstverarbeitungsprodukte zählen zu den Lebensmitteln, wobei auch die Bestimmungen für Lebensmittel Anwendung finden müssen. Wer unsaubere Rohware verarbeitet, wird niemals ein wirkliches Qualitätsprodukt erzielen können, denn es gilt in Bezug auf erhöhte Keimzahl hier dasselbe wie bei den Grundbedingungen für die Gesundheit. Früchte, die vom Boden aufgelesen wurden, müssen vor der weiteren Verarbeitung unbedingt mit frischem Trinkwasser gereinigt werden. Dieser Arbeitsschritt kann teilweise durch eine Ernte mit Schüttelgeräten und Planen entfallen. Grundsätzlich sollte allerdings kein Obst mit dem Boden in Berührung kommen. Bei der Verwendung von Knollenfrüchten und Wurzeln ist vor dem Einmaischen unbedingt eine entsprechende Reinigung notwendig, um Erdbakterien, die eine Fehlgärung verursachen können, auszuschalten.

Die **Reife** der Rohware sollte einerseits aus ausbeutetechnischen und andererseits aus geschmacklichen Gründen für den Edelbrenner von Bedeutung sein. Unreife und unterentwickelte Früchte geben zu wenig Aroma in die Maische und den fertigen Brand ab. Gleichzeitig wirken Brände aus unreifer Rohware durch den geringen Zuckergehalt leer und wässrig und im Aroma oftmals verhalten. Die Reife spielt allerdings nicht nur im unteren Bereich eine Rolle, sondern auch in der Überreife. Früchte, die zu spät geerntet wurden, weisen in der Regel eine deutlich niedrigere Ausbeute auf als Früchte, die zum richtigen Zeitpunkt geerntet und verarbeitet wurden. Daneben führen viele Aromen zu einem eher breiten und derben Brand, der oftmals wenig typisch ist. Als Beispiel sei hier nur der Geschmack einer „staubigen Garage" erwähnt, der häufig bei Hauszwetschken auftritt, die zu spät geerntet wurden. Gleichzeitig erkennt der geübte Verkoster immer wieder ölige, teilweise sogar an Terpentin erinnernde Aromakomponenten. Solche „staubigen Garagen-Aromen", die mit dem „Duft" verglichen werden können, der beim Auskehren einer Garage auftritt, sind selbstverständlich nicht erwünscht und können durch Ernte zum richtigen Reifezeitpunkt verhindert werden. Bei eigenen Versuchen konnten immer wieder Ausbeuteminderungen durch überreife oder nicht reife Früchte festgestellt werden. Vereinzelt geht dies sogar bis etwa 30 % der Gesamtausbeute.

PRAXISTIPP:

Die besten Erfolge werden mit frischem, vollreifem und direkt geerntetem Obst erzielt, das nicht lange nachgelagert wurde und daher keine Aromaverluste aufweist.

Das Rohmaterial für die Herstellung von Bränden und der dazugehörige Brand

Als Ausgangsmaterial für die Herstellung qualitativ hochwertiger Brände kommen grundsätzlich alle zuckerhaltigen und gärfähigen Stoffe in Frage, insbesondere heimische Früchte, Gemüse- und Getreidearten. Gemüsearten dürfen in Österreich nur von Verschlussbrennern destilliert werden. Bei der Herstellung von Destillaten aus mehligen Stoffen gelten unterschiedliche regionale Voraussetzungen von gesetzlicher Seite (siehe Kapitel „Gesetzliche Grundlagen").

In den folgenden Abschnitten werden nun die einzelnen Rohstoffe näher erläutert. Egal, welcher dieser Rohstoffe nun verwendet wird, um ein qualitativ hochwertiges Produkt zu erzielen – es ist notwendig, dass das Rohmaterial gewissen Anforderungen entspricht. Grundsätzlich gilt: Je besser das Ausgangsmaterial, desto besser das Produkt.

Hauptsächlich sind für die Brandherstellung die inneren Werte des Obstes zu beachten, die über die Ausbeute und das Aroma des Destillates bestimmen.

Deshalb sind

- hoher Zucker- oder Stärkegehalt,
- ein ausgeprägtes, typisches Aroma
- und sauberes und gesundes Material

von besonderer Wichtigkeit.

PRAXISTIPP:

Alle Obstarten, die intensiv riechen und schmecken, ergeben fruchtige und leicht zu erkennende Brände.

Kernobst

Äpfel

Vornehmlich gelangen Ausschuss-Tafeläpfel und Früchte aus Streuobstanlagen zur Verarbeitung. Dabei ist allerdings zu beachten, dass ein Apfelbrand nicht, wie bisher in einigen Regionen, immer noch fälschlicherweise als Obstler, sondern als eigenständiges Produkt in Verkehr gesetzt werden sollte. Der Markt wünscht derzeit besonders sortenreine Produkte. Spezialitäten aus Regionalsorten werden vom Kunden sehr gerne gekauft und als Besonderheit geschätzt. Für die Produktion eines sortenreinen Apfelbrandes sind beinahe alle Sorten sehr gut geeignet, da jede Sorte ihr für sich typisches Aroma aufweisen kann. Besonders typische Destillate ergeben die meisten Frühsorten wegen ihrer höheren Aromaintensität.
Die meisten Herbst- und Wintersorten führen ebenfalls zu typischen Bränden, wobei dumpf schmeckende Sorten ebensolche Brände ergeben.
Die Äpfel sollten gut entwickelt und ausgereift sein, das heißt, nicht zu früh geerntet werden. Pflückreife Ware ist für eine Edelbrandherstellung nur bedingt geeignet. Zur Herstellung qualitativ hochwertiger Brände sollte die Ware baumreif werden können. Wird Fallobst verarbeitet, so sollte es nicht zu lange im Gras liegen, denn das führt zu Bakterienverseuchung und fehlerhaften Bränden. Eine genaue Reinigung vor dem Brennen ist anzuraten.
Bei der Verarbeitung von Äpfeln zu sortenreinen Destillaten ist darauf zu achten, dass die Äpfel verschiedene Säuregehalte aufweisen und es dadurch notwendig ist, die Maischen unterschiedlich aufzusäuern (siehe Kapitel Maischebehandlung). Ganz besonders wichtig ist dies bei Frühsorten und gelagerter Ware, da deren pH-Wert beträchtlich über dem gewünschten Wert liegt.

Der Apfelbrand

Apfelbrände sind durch einen fruchtigen Ton und deutliche Geschmacksstoffe am Gaumen charakterisiert. Zitrustöne und teilweise etwas dumpfe Noten herrschen bei älteren und einzelnen Regionalsorten vor. Neue Sorten haben meist einen sehr apfeltypischen, hellen Geschmack und sind manchmal nicht so intensiv wie ältere Sorten. Sorten, die sich besonders für die Herstellung von Bränden eignen, sind Golden Delicious, alle Vertreter der Cox-Gruppe, Renetten, Gravensteiner und die meisten Regionalsorten. Von den neuen Sorten ergeben Topaz, Braeburn und Gala sehr aromatische Brände. Als Besonderheit unter den Apfelbränden kann McIntosh mit seinem pilzig-aromatischen Charakter genannt werden.

Birnen

Die Verarbeitung von Birnen erfolgt im Anschluss an eine Nachreifung, da am Baum gereifte Birnen nicht das volle Aroma aufweisen, das nachgereifte Birnen enthalten können.

Die Nachreifung dauert je nach Birnensorte zwischen 3 und 10 Tagen, wobei darauf zu achten ist, dass die Birnen nicht zu weich und somit überreif werden.

Nur bei Mostbirnensorten, bei denen es nicht zu verhindern ist, kann ein weiches und braunes Areal rund um das Kerngehäuse vor der Verarbeitung geduldet werden.

Besonderer Wertschätzung erfreut sich die Birnensorte Williams Christ. Obgleich ihr Zuckergehalt nicht besonders hoch ist, kann ihr typisches Aroma als das bekannteste unter den Obstbränden bezeichnet werden. Im Allgemeinen sind auch hier wieder alle Birnensorten sehr gut zur Branntweinbereitung geeignet, mit Ausnahme einiger alter Mostbirnensorten, die ein zu herbes Aroma ergeben, das vom Konsumenten nicht geschätzt wird. Unter den Mostbirnensorten ergeben die Weinbirnen, Hirschbirnen und Subirnen besonders feine Brände. Einzelne Tafelbirnensorten, wie Alexander Lucas oder Gute Luise, erinnern als Brand an sehr intensive Apfeldestillate und sind aus diesem Grund nur bedingt geeignet.

Bei Birnen kann es besonders bei Mostbirnen und unreifen Erwerbssorten zu Gärstockungen durch den hohen Gerbstoffgehalt kommen, was dann vielfach mit einer Mannitgärung (siehe Fehler und Krankheiten) einhergeht.

Der Birnenbrand

Birnen ergeben sehr unterschiedliche Brände. Dabei reichen die Geschmacksrichtungen von intensiv dörrbirnenartig bei alten Mostsorten bis zu hellfruchtig mit parfümierter Note, wie zum Beispiel bei Dr. Guyot. Jede Sorte ergibt typische und charaktervolle Brände. Einzelne Mostbirnensorten weisen fremdartig riechende Ester und Aromen auf, die im fertigen Brand oft als Fehlgeruch und -geschmack interpretiert werden. Hier sollte die Verwendung als Brennfrucht überlegt werden.

Als Mostsorten, die besonders für die Verwertung geeignet sind, können Hirschbirne, Subirne und Weinbirne genannt werden. Williams, Dr. Guyot und Gute Luise sind die klassischen Vertreter der modernen Intensivsorten.

Quitten

Quitten sind sehr aromatische Früchte, die wegen ihres herb-adstringierenden Geschmacks und ihrer harten Fruchtfleischkonsistenz zum Frischverzehr meist ungeeignet sind.

Bei Quitten wird wegen der Form der Früchte zwischen Apfel- und Birnenquitten unterschieden. Für die Verarbeitung sind beide gleich gut geeignet, wobei Apfelquitten teilweise etwas dumpfer, aber aromareicher sind und Birnenquitten eher das typische Quittenaroma aufweisen.

Die Destillate aus diesen Früchten sind sehr aromaintensiv. Bei der Verarbeitung ergeben sich aber durch die trockene Konsistenz immer wieder Probleme, die durch eine leichte Wassergabe zu verringern sind.

Auch eine Verwendung von pektinspaltenden Enzymen hat gute Ergebnisse mit einer deutlichen Verflüssigung gebracht. Wichtig ist dann jedoch ein Abdestillieren sofort nach Gärende, um einen zu hohen Methanolwert im fertigen Destillat zu verhindern.

Quitten sind unbedingt bei idealen Gärungsbedingungen zu vergären, denn sonst kommt es zu Gärstockungen und die Maische wird von den Enzymen nicht oder nur unvollständig aufgeschlossen, was zu verringerten Ausbeuten führt.

PRAXISTIPP:

Quittenmaischen sind in der Regel nur sehr schwer pumpfähig, deshalb empfiehlt sich der Einsatz eines pektinspaltenden Enzyms.

Der Quittenbrand

Brände aus Quitten sind zumeist durch intensive Aromakomponenten, die an Kräuter und Zitrone erinnern, gekennzeichnet. Der intensive Geruch und Geschmack kann sich bei Einfluss von UV-Licht sehr leicht abbauen, was eine dunkle Lagerung erfordert.

Als gute Brennsorten haben sich Mammuth, Champion, Rondo und einige Apfelquitten mit kleinen Früchten erwiesen. Zumeist ist der Zitronenduft bei Vertretern der Birnenquitten aber intensiver.

Mispeln

Mispeln sind eine teilweise weit verbreitete Kernobstart, die üblicherweise wegen ihres hohen Anteils an Vitamin C als Herbstfrucht angebaut wird. Die Früchte sind erst nach dem Einwirken von Frost genussreif. Das heißt, sie werden innen braun, teigig und erinnern im Geschmack an eingeweichte, trockene Birnen. Die Früchte werden eingemaischt, sobald sie weich sind. Trotz des hohen Wasseranteils der Früchte ist eine Wässerung der Maische mit etwa 10 bis 15 % zu empfehlen. Bei höheren Stärkeanteilen ist unbedingt ein Einsatz von stärkespaltenden Enzymen notwendig. Die Vergärung erfolgt in der Regel eher langsam, was manchmal zu Schimmelbildung an der Oberfläche führen kann. Dieser ist durch spezielles Ansäuern zu verhindern.

Der Mispelbrand

Brände aus Mispeln sind meist etwas verhalten und erinnern oftmals an Dörrbirnen. Auch Noten, wie sie im gerösteten Kaffee vorkommen, können mit geschulter Nase festgestellt werden. Junge Mispelbrände schmecken sehr häufig auch nach Apfel und Birne. In weiten Bereichen zählen Brände aus Mispeln allerdings nach wie vor zu den Liebhabereien.

Steinobst

Kirschen und Weichseln (Sauerkirschen)

In diesem Abschnitt soll nicht zwischen Kirschen und Weichseln unterschieden werden, da die Verarbeitung fast ident ist. Je nach Region werden unterschiedliche Schwerpunkte in dieser Obstart gesetzt. Gesamt gesehen sind sicherlich Kirschen die bei weitem am häufigsten destillierte Frucht dieser Gruppe. Einzelne Regionen, wie die Schweiz und der Schwarzwald, haben hier eine Vorreiterrolle eingenommen. Zur Verarbeitung sollten Sorten mit eher kleinen Früchten herangezogen werden, da diese aromaintensiver und zumeist auch im Zuckergehalt höher sind. Dunkle Sorten führen zu geschmacklich deutlicheren Bränden.
Die Früchte sollten frei von Fäulnis, Stielen und Blättern sein, da diese zu einem grasigen Ton im fertigen Brand führen. Kirschen sollten sofort nach der Ernte verarbeitet werden, da die Stielwunde oftmals in kürzester Zeit von Essigbakterien

besetzt wird, die sich in der fertigen Maische schnell weitervermehren und dadurch zu fehlerhaften Bränden führen können.
Kirschen und Weichseln enthalten in der Regel einen hohen Anteil an nicht vergärbarem Sorbit, der einen noch zu vergärenden Zucker vortäuschen kann, was bei unerfahrene Brenner zu einer zu langen Standzeit der Maische verleiten kann.
Kirschen und Weichseln werden gewöhnlich mit Stein verarbeitet, wobei darauf zu achten ist, dass beim Zerkleinern oder Quetschen möglichst keine Steine zerstört werden, um einen Bittermandelton im fertigen Brand zu verhindern. Vollentsteinte Brände sind allerdings fruchtintensiver und typischer im Geschmack als jene, bei denen die Steine mitgebrannt wurden. Dem Brand fehlt dann aber teilweise der Körper, der durch das Benzaldehyd erreicht wird. Einzelne Verkoster meinen, dass der Brand dann nicht wirklich typisch ist. Eine Abtrennung des Steins vor der Destillation sollte durchgeführt werden, wenn kein Katalysator das entstehende Ethylcarbamat binden kann. Die Steinabtrennung erfolgt zumeist über Siebe oder Passieranlagen. Viele Sorten haben sich als geeignet erwiesen. Besonders Schüttler, Lauerzer und Basler Langstieler ergeben typische und charakterintensive Brände. Bei den Sauerkirschen kann Schattenmorelle empfohlen werden.

PRAXISTIPP:

Entstielte Kirschen bringen fruchtigere Brände als nicht entstielte. Auch die Steine sollen unbedingt vor der Destillation entfernt werden.

Der Kirschbrand

Brände aus Kirschen und Weichseln sind durch sehr fruchtige Aromen und einen leichten, etwas bitteren Steingeschmack charakterisiert. Leichte Schokoladearomen im Abgang und vereinzelt breite, etwas kratzende Stoffe, die im hinteren Gaumenbereich erkennbar sind, verleihen vielen Sorten den typischen Kirschton. Brände aus Schattenmorelle spezifiziert das typische Weichselaroma, das von Süßigkeiten her bekannt ist.

Zwetschken und Pflaumen

Zwetschkendestillate zählen durch den Slibowitz, der jahrelang zu billigen Preisen Europa überschwemmt hat, wohl zu den bekanntesten Bränden überhaupt. Der Zuckergehalt beträgt zwischen 6 und 20 %, je nach Zwetschkensorte. Zwetschken

und Pflaumen sollten entgegen der landläufigen Meinung ebenfalls nicht über die Vollreife hinaus am Baum hängen bleiben, sondern bereits zur Vollreife verarbeitet werden. Dies ergibt feine, dezente Brände und nicht diese vulgär wuchtigen Zwetschkenbrände, wie sie in von vielen Betrieben immer wieder angeboten werden. Der Steinanteil bei Zwetschken und Pflaumen beträgt durchschnittlich 6 %, wobei bei der Verarbeitung darauf zu achten ist, keine Steine zu zerschlagen, um den Anteil an Benzaldehyd und daraus resultierender Blausäure im fertigen Brand so gering als möglich zu halten. Hier besteht wieder die Möglichkeit, die Steine vor dem Brennen abzutrennen. Pflaumen ergeben meist eigene typische Brände, die durch einen fruchtigeren Ton als Zwetschkenbrände gekennzeichnet sind. Bei den Pflaumen ist der Zuckergehalt allerdings bedeutend geringer als bei Zwetschken, was sich in der Ausbeute bemerkbar macht.
In Österreich spielen Pflaumenbrände eine untergeordnete Rolle, da ihr Aroma neben Zwetschkenbränden als dumpfer und weniger fruchtig zu bewerten ist.

Der Zwetschken- und Pflaumenbrand

Diese vielfältige, aromatisch sehr vielschichtige Gruppe präsentiert sich von zartfruchtig bis blumig breit, mit teilweise intensivem Steingeschmack. Speziell Hauszwetschke ergibt typische Brände. Aber auch neuere Sorten wie Hanita, Top und Cacaks Schöne ergeben feinaromatische Brände mit deutlich intensivem Fruchtcharakter. Pflaumen zeichnen sich durch sehr zarte, aber doch intensiv schmeckende Destillate aus, die am Gaumen lang anhaltend sind. Vor allem Sorten im Hausgarten, die wirklich vollreif sind, führen zu klaren und aromatischen Ergebnissen.

Mirabellen, Ringlotten (Renekloden) und Kriecherl

Mirabellen, Ringlotten und Kriecherl sind zur Brandherstellung besonders gut geeignet, da sie sehr fruchtige, deutlich erkennbare Brände ergeben. Durch die Kleinheit der Früchte und dem relativ hohen Zuckergehalt ergibt sich eine gute Ausbeute an Aroma und Alkohol, was die Produktion von Mirabellenbränden auch wirtschaftlich sinnvoll macht. Die Vielfalt der dazu zählenden Früchte mit all den regionalen Bezeichnungen ergibt ebenso viele verschiedene Brände mit unterschiedlichsten Aromen. Spezielle Züchtungen und Selektionen sind oftmals sehr typisch und aromatisch. Auch gebietsgeschützte Bezeichnungen, wie „steirisches Kriecherl", ermöglichen gute Vermarktungschancen mit dieser Obstart. Die Destillation erfolgt nach dem Entsteinen der Maische, um den Anteil an Benzaldehyd im fertigen Destillat so gering als möglich zu halten.

Der Brand aus Mirabellen, Ringlotten und Kriecherl

Diese große Gruppe ergibt so gut wie immer deutlich riechende und schmeckende Ergebnisse. Je nach Region werden vor allem regional vorkommende Mitglieder dieser großen Gruppe zu feinschmeckenden Destillaten gebrannt. Mirabellenbrände sind jedoch eher blumig, würzig und intensiv. Brände aus Ringlotten eher duftig, neutral, mit einem lieblichen Abgang. Der Kriecherlbrand hat immer die Note von wilder Pflaume in sich, die sich etwas dumpf, mit zarter Zwetschkenaromatik und einem leicht bitteren Abgang äußert.

PRAXISTIPP:

Kleinfruchtige Obstarten können sehr gut auf Planen oder Folien am Boden geschüttelt werden. Damit lässt sich die Erntemenge je Stunde stark erhöhen, das Obst bleibt darüber hinaus sauber.

Pfirsiche

Pfirsiche werden beinahe in allen Regionen zu Bränden verarbeitet. Der Pfirsich gilt nicht als klassische Brennfrucht. Dies ergibt sich durch den zumeist recht guten Markt für diese Früchte und das eher verhaltene Aroma des Brandes. Für Pfirsichbrände ist es notwendig, nur vollreife Früchte zu verarbeiten, da die Destillate sonst nicht arttypisch werden.
Auch bei der Verarbeitung von angehagelter Ware sollte man versuchen, die Ware möglichst vollreif werden zu lassen, da das typische Pfirsicharoma bei unreifer Ware nicht auftritt und der Brand nur grasig bis seifig schmeckt.
Pfirsiche werden entweder entsteint oder mit Stein verarbeitet, wobei vor dem Brennen die Steine unbedingt abzutrennen sind, da der Pfirsichstein sehr hohe Mengen an Amygdalin freisetzt, was bei allen Bränden zu einem Bittermandelton führt. Hier empfiehlt sich vor allem bei Früchten mit sehr großem Stein ein Entsteinen vor dem Einmaischen, da die Auslaugung über die Steinoberfläche mit den Fruchtfleischfasern erfolgt.
Geerntete Pfirsiche müssen sehr schnell verarbeitet werden, da bei einer längeren Lagerung Verderb auftritt und diese Brände dann nicht mehr sauber sind. Aufgrund des hohen pH-Wertes von Pfirsichen zählen diese Maischen zu den leichtverderblichen, was unbedingt eine Ansäuerung erfordert. Die besten Ergebnisse brachten Verkostungen von Bränden, bei denen die Maischen genau auf den pH-Wert von 3,3 eingestellt waren.

Bei den Pfirsichen ergeben weißfleischige und gelbfleischige leicht unterschiedliche Brände, wobei das Konsumentenverhalten gegenüber der einen oder anderen Art noch nicht feststeht.

Der Pfirsichbrand

Brände aus dieser Obstart sind für viele Produzenten, aber auch Konsumenten Neuland. Erst nach einer entsprechenden Reifezeit des jungen Destillates verschwindet der seifige Ton, der viele direkt nach dem Brennen abschreckt. Dann bildet sich ein zarter Duft nach Rosen und Mandelblüte aus, der sich am Gaumen zu einem intensiven Geschmack nach Pfirsich erweitert. Spezielle regionale Sorten und Initiativen bringen immer vielschichtigere und interessante Produkte hervor. Vor allem Versuche mit Weinbergpfirsichen zeigen typische und hervorragend schmeckende Ergebnisse.

Marillen (Aprikosen)

Marillen sind in Österreich ein wichtiger Brennereirohstoff. Besonders in der Wachau und im Burgenland, den Marillenhauptanbaugebieten, ist dieses Destillat sehr häufig zu finden.
Bei Marillen ist es wichtig, möglichst keine Schattenfrüchte zu verarbeiten, da nur besonnte Früchte ein wirklich gutes und intensives Aroma aufweisen, was sich natürlich auch auf den Zuckergehalt auswirkt.
Marillen sollten nicht, wie vielfach praktiziert, in überreifem Zustand verarbeitet werden, sondern ebenfalls in der Vollreife, was zu fruchtigen, nicht so breiten Bränden führt. Unreife Früchte sind auf jeden Fall zu vermeiden, da diese so gut wie keine Aromaverbindungen in den fertigen Brand bringen.
Weiche Marillen, die teilweise schon braun werden, sind zwar die Hauptbrennware, ergeben allerdings keine eleganten Brände. Der Reifegrad ist von Betrieb zu Betrieb verschieden, da Brände von dezent bis wuchtig vom Konsumenten angenommen werden.
Marillen weisen in der Regel einen Zuckergehalt um 8 % auf, wobei der Hauptanteil Saccharose ist. Glucose und Fructose sind nur in geringem Maße vorhanden. Marillen haben von Natur aus einen eher hohen pH-Wert, was eine Aufsäuerung unbedingt notwendig macht. Die Steine, die bei Marillen geschlossen sind, können mitgebrannt werden. Dies ist allerdings davon abhängig, wie viele zerstört wurden und ob ein leichter Bittermandelton erwünscht ist. In den meisten Fällen werden bei Qualitätsbränden die Steine vor der Destillation entfernt.

Der Marillenbrand

Die Marille zählt zu den klassischen Brennfrüchten, so dass der Geruch und Geschmack dieses Brandes sehr gut bekannt ist. Leider haben künstlich aromatisierte Produkte den typischen Charakter etwas verfälscht, so dass Brände aus vollreifen Früchten oftmals als untypisch und aromaschwach angesehen werden. Der typische Brand aus reinen Früchten riecht leicht nach frischen Marillen mit einem Anflug von Rosenduft. Am Gaumen stellt sich ein liebliches, zartes Geschmacksbild ein, das an saftige, vollreife Marillen erinnert. Im Abgang kann ein leichter Steingeschmack erkennbar sein.

Schlehen

Die Schlehe, als Wildfrucht an Waldrändern und Böschungen vorkommend, ist in ihrem Aroma beim Brennen einzigartig. Der Duft des fertigen Brandes nach Wald und Zwetschken, in Harmonie mit Bittermandel macht die Ernte dieser dornigen Früchte nur halb so schwer. Die Verarbeitung ist hier schon deutlich komplexer. Durch den hohen Gerbstoffgehalt der unreifen Früchte ist ein Gefrieren der Früchte vor der Verarbeitung notwendig. Dies kann entweder direkt auf den Sträuchern erfolgen oder durch Einfrieren der blauen Früchte im Kühlraum mit anschließendem Auftauen. Danach erfolgt die Zerkleinerung zu Maische, ein Wässern von etwa 10 %, um den Gerbstoffgehalt soweit zu senken, dass die Maische problemlos gärt, und schließlich die Vergärung. Wichtig ist auch eine entsprechende Enzymierung der Maische zur Verflüssigung und Freisetzung der Aromen.
Die Destillation kann einige Zeit nach Gärende vorgenommen werden.

Der Schlehenbrand

Brände aus Schlehen sind zumeist fruchtig intensiv mit starkem Steinaroma, was auf den hohen Anteil an Stein in der Maische zurückzuführen ist. Entsteinte Maischen ergeben eher zwetschkenartige Destillate ohne typische Frucht. Der Brand ist aromatisch würzig mit feinfruchtigen Honignoten. Nach 2 bis 3 Jahren Lagerung erreicht der Brand seinen Höhepunkt und ist optimal gereift.

Kornelkirschen

Die Kornelkirsche, die besonders auf steinigen, eher trockenen Böden vorkommt, ist als Zierpflanze mit ihrer zarten gelben Blüte und den aromatischen Früchten im Hausgarten sehr beliebt. Sträucher, die im Ertrag stehen, bringen eine für das Brennen geeignete Menge an Früchten. Hier ist der optimale Reifezeitpunkt bei intensiver Rötung und einem Saftaustritt beim Zusammendrücken erreicht. Die Früchte werden dann zumeist geschüttelt und schnell verarbeitet. Eine Ansäuerung ist hier dringend zu empfehlen, damit die Vergärung auch wirklich rein vor sich geht. Spezielle Sorten führten bei bisherigen Versuchen zu keinen geschmacklich unterschiedlichen Produkten.

Der Kornelkirschenbrand

Der Brand ist durch ein zartes Geruchsbild mit leicht würzigem Abgang und einem Geschmack nach frischen Nüssen leicht erkennbar und erinnert sehr an die frische Frucht. Der Geruch ist aromatisch, intensiv, ohne jedoch aufdringlich zu sein. Liebhaber derartiger Brände erfreuen sich auch am langanhaltenden Nachgeschmack. Durch die geringe Ausbeute und der teilweise doch recht teuren Rohware ist der Brand aus Kornelkirschen im höheren Preissegment angesiedelt.

Traubenkirschen

Die Traubenkirsche, als Baum an Bächen und Flussbetten zu finden, ist eine Wildfrucht, die in langen Dolden mit kleinen schwarzen Früchten reift. Die Früchte bestehen hauptsächlich aus Schale und einem Stein mit nur geringem Fruchtfleischanteil. Die Ernte ist durch die großen Bäume meist etwas erschwert. Die Kirschen werden direkt nach der Ernte gerebelt, zerkleinert und anschließend mit intensiver Ansäuerung vergoren.
Durch den geringen Wassergehalt der Kirschen ist eine Wässerung mit etwa 20 % Wasserzusatz zu empfehlen. Damit kann auch der bittere Geschmack, der im fertigen Brand mitunter sehr intensiv ist, etwas vermindert werden. Die Gärung geht zumeist sehr zügig vor sich, was ein schnelles Abbrennen bedingt. Die Maische ist nur eingeschränkt lagerfähig, weil eine längere Lagerung den Geschmack durch die Bitterstoffe sehr stark beeinflusst.

Der Traubenkirschenbrand

Brände aus Traubenkirschen sind durch einen sehr intensiven Duft und Geschmack nach Bittermandel charakterisiert. Eine säuerliche Würze mit derb-bitteren Geschmackskomponenten macht das Produkt unverkennbar. Liebhaber von Marzipan und dem Geschmack nach Bittermandel finden hier ein Produkt mit typischem Charakter.

Beerenobst

Beinahe alle Beerenobstarten sind im Geschmack sehr typisch und ergeben auch dementsprechend deutliche Brände.

Durch die Vielfalt der Sorten und Arten ergibt sich hier für den Spezialisten unter den Brandproduzenten ein sehr großes Betätigungsfeld.

Allerdings besteht hier die Schwierigkeit, dass die Rohware oftmals teurer ist und somit Fehler nicht passieren dürfen. Daher ist Sauberkeit das oberste Gebot für Beerenbrände. Hinzu kommt, dass Beerenmaischen schon von Natur aus nicht so robust sind wie Kernobstmaischen. Das kann durch den Gehalt an beereneigenen Fruchtsäuren erklärt werden, die die Bakterien leichter angreifen als Äpfel- und Zitronensäure, wie sie im Kernobst hauptsächlich vorkommen.

Zu beachten ist auch der oftmals hohe Pektinanteil der Früchte, der bei Einsatz von pektinspaltenden Enzymen zu einem sehr hohen Methanolgehalt führen kann. Aus diesem Grund ist es notwendig, dass Beerenmaischen in die abgehende Gärung destilliert werden. Bei weichen und nicht so pektinreichen Früchten sollte auf die Verwendung von pektinspaltenden Enzymen verzichtet werden.

Himbeeren

Himbeeren werden weltweit hauptsächlich in Form von Himbeergeist (das sind alkoholische Aromaauszüge) angeboten. Nur bei sehr guten Betrieben findet man vereinzelt vergorene Himbeerbrände. Bei Himbeerbränden ist es unbedingt notwendig, nur allerbeste Rohware zu verwenden, da der Brand sonst sofort durch faule oder dumpfe Früchte negativ beeinflusst wird.
Zumeist werden Kulturhimbeeren verarbeitet, da die Wildformen sehr teuer sind und das Destillat nur unmerklich besser wird. Bei der Verarbeitung von Himbeeren ist ein sauberes Arbeiten vonnöten, da auch in kleinsten Behältern schon große „Geldmengen“ gären und dadurch jeglicher Verderb von vornherein ausgeschlossen werden muss.
Himbeermaischen sind sofort nach der Gärung zu brennen, da die Maische nicht lagerfähig ist und eine zu lange Lagerung starke Aromabeeinträchtigungen mit sich bringen würden.

Der Himbeerbrand

Bei Bränden aus Himbeere ist immer ein deutlicher Fruchtcharakter mit leichten Zitrustönen bemerkbar. Am häufigsten tritt dies beim Waldhimbeerbrand auf. Sein Geschmack ist intensiv typisch mit stark anhaltendem Aroma am Gaumen. Produkte, die zu langsam oder bei zu hohen Temperaturen erzeugt wurden, schmecken oftmals leer und weisen den Ton der Steinchen auf. Optimal destillierte Brände sind würzig, aromatisch und leicht zu erkennen.

Das Aroma von Himbeerbränden oxidiert in der offenen Flasche, was eine Abfüllung in kleine Gebinde notwendig macht. Hier ist es auch wichtig, dass die Lagerbehälter nicht halbvoll sind.

Brombeeren

Brombeeren spielen in der Brandproduktion nur eine sehr untergeordnete Rolle. Die Destillate erreichen kein allzu typisches Beerenaroma und sind im Geschmack herb und kratzend. Dornenlose Sorten sind hierfür besser geeignet und ergeben auch typische Brände.

Bei schonender Destillation ist das Aroma auch gut zu erhalten, was gute Brombeerbrände zu ausgesprochenen Spezialitäten macht. In der Verarbeitung ist auf gesundes Material und eine möglichst kühle Vergärung zu achten, da sich bei zu warmer Vergärung das Aroma sehr leicht abbaut.

Der Brombeerbrand

Je nach Herstellungsverfahren und Rohware sind die Brände sehr unterschiedlich. Am bekömmlichsten sind solche, bei denen dornenlose Früchte verarbeitet wurden. Diese sind sehr duftig, aromatisch und intensiv. Am Gaumen ist ein deutlicher Brombeergeschmack zu erkennen, der sehr lange anhaltend ist. Brombeerbrände sind sehr stabil und können dementsprechend auch einige Zeit gelagert werden.

Rote, Schwarze und Weiße Johannisbeeren

In letzter Zeit verarbeiten immer mehr Brenner Johannisbeeren, was mit den relativ niedrigen Preisen der Früchte und der meist intensiven Aromaausbeute im fertigen Brand zu erklären ist. Bei der Qualitätsproduktion ist eine Verarbeitung von gerebelter Rohware empfehlenswert, da die Kämme der Früchte zu einem adstringierenden Ton im fertigen Brand führen. Dies ist wiederum auf den Gerbstoffgehalt zurückzuführen. Brände, die mit Kämmen verarbeitet wurden, sind in Geruch und Geschmack nur entfernt als fruchttypisch zu erkennen, da grasige Töne überwiegen. Einzelne Produzenten setzen jedoch gerade auf diesen Ton, so dass auch solche würzigen Produkte am Markt zu finden sind. Ein entsprechender Johannisbeercharakter ist hier erst nach mehrjähriger Lagerung zu finden. Die Johannisbeere als pektinreiche Frucht führt während der Gärung zu einem sehr hohen Methanolgehalt. Dieser kann durch eine entsprechend frühe Destillation und ein frühes Abtrennen vom Nachlauf etwas vermindert werden. Keinesfalls dürfen bei der Johannisbeere die Nachläufe nochmals destilliert werden.

Der Johannisbeerbrand

Diese Brände ergeben feinfruchtige Noten mit oftmals sehr typischen Geruchs- und Geschmacksrichtungen. Rote Johannisbeeren ergeben sehr feine, milde Brände, die vereinzelt an Stachelbeere erinnern. Brände aus weißen oder gelben Johannisbeeren sind wenig körperreich und verhalten. Bei aromaschwachen Produkten ist die Herkunft nicht immer selbstverständlich erkennbar. Das Destillat der Schwarzen Johannisbeere ist der Klassiker, der immer sehr intensiv wird. Deutliche Aromen in Richtung Schwarze Johannisbeere und grasige Noten am Gaumen sind stets leicht zu erkennen und werden vom Liebhaber geschätzt.

Stachelbeeren

Stachelbeeren als Verwandte der Johannisbeeren werden nicht so häufig destilliert wie diese. Dies ist auf den geringen Anbau zurückzuführen. Allerdings sind die Brände aus der Frucht mit der dicken Schale sehr typisch und deutlich. Auch die Ausbeute liegt höher als bei den Johannisbeeren. Je nach Sorte können sehr geschmacksintensive und sortentypische Produkte hergestellt werden. Eine geschmackliche Unterscheidung zwischen roten und grünen Früchten erfolgt nicht. Alle bei der Johannisbeere beschriebenen Punkte zum Methanolgehalt gelten auch hier sinngemäß.

Der Stachelbeerbrand

Brände der Stachelbeere sind durch Johannisbeeraromen und dem zarten Geschmack der Kerne in der Frucht charakterisiert. Eine klare Aromastruktur ergibt leicht wiedererkennbare und sehr lange anhaltende Brände. Auch die Haltbarkeit der Aromen der Frucht ist entsprechend gut. Überreife Stachelbeeren führen im Brand zu einem intensiven „Mäuseln“, was nicht erwünscht ist.

Holunder

Holunderbrände erlangen in vielen Regionen immer mehr Bedeutung, was auf den relativ großflächigen Anbau dieser Obstart zurückzuführen ist. Holunder wird ebenfalls in gerebelter Form verarbeitet, da die Stiele zu einem untypischen herb-säuerlichen Ton im fertigen Brand führen. Sauber verarbeitete Holunderbrände sind sehr aromaintensiv und typisch als Holunder zu erkennen.
Holunder birgt in der Verarbeitung aufgrund seines hohen pH-Wertes (4,2–4,8) vielfache Probleme. Daneben führt das in den Früchten enthaltene natürliche Sambunigrin (ein Konservierungsmittel) vielfach zu Gärstockungen und Gärschwierigkeiten, die nur durch Maischezugaben (siehe Kapitel Maischebehandlung) zu beheben sind.
In einzelnen Regionen wird nicht der schwarze, sondern der rote Holunder zu Bränden verarbeitet, der allerdings nicht so typisch und nicht so intensiv als Holunder zu erkennen ist.

Der Holunderbrand

Brände aus den Früchten des schwarzen Holunder sind sehr aromatisch, intensiv und würzig. Je nach Reifegrad der Beeren und Zeitraum zwischen Einmaischen und Destillation kann die Aromastruktur von zartfruchtig bis sehr intensiv und breit mit öligem Abgang reichen. Bei Verkostungen werden Brände mit zarter Fruchtigkeit und einem typischen Geschmack am Gaumen eher bevorzugt. Bei diesen Bränden ist es auch wichtig, dass sie keinesfalls auf der Zunge brennen.

PRAXISTIPP:

Holundermaischen, die in die abgehende Gärung destilliert werden, führen zu feineren und typischeren Bränden. Damit kann auch der dumpfe Ton, der oftmals in der Lagerzeit entsteht, verhindert werden.

Heidelbeeren

Heidelbeerbrände zählen bei vielen Brennern zu den häufig produzierten Beerenbränden. Hier gibt es wiederum zwei Arten: jenen aus den Kultur- und jenen aus den Waldheidelbeeren, wobei der letztgenannte durch den geringeren Preis der Rohware auch billiger gehandelt wird. Bei der Verarbeitung ist auf einen optimalen pH-Wert der Maische zu achten. Wichtig ist auch, dass die Maische möglichst in die abgehende Gärung destilliert oder sofort nach Gärende sehr kühl gelagert wird, da sonst ein biologischer Säureabbau oder eine Bakteriengärung einsetzt. Diese beeinträchtigt den gesamten Brand sehr negativ und verursacht einen Ton, der an Pferdeschweiß erinnert.

Der Heidelbeerbrand

Je nach verwendeter Art der Heidelbeeren unterscheiden wir den schwerwürzigen Brand aus der Waldheidelbeere und den zarten aus den Früchten der Kulturheidelbeere. Beide sind im Grundtypus eher zart, mit würzigem Abgang. Der Geruch ist oftmals schwach verhalten, mit einem angenehmen Waldduft. Typische Fruchtkomponenten sind nur bei wirklich vollreifer Rohware und einer sehr schonenden Destillation zu finden.

Erdbeeren

Das Brennen von Erdbeeren ist eine eigene Kunst. Spezialitäten mit fruchtigem Aroma sind eher die Seltenheit. Das Hauptproblem sind die Nüsschen, die sich auf den Früchten befinden. Wenn die Maische zu lange steht beziehungsweise zu viele Nüsschen zerstört werden, kommt es zu einem unangenehmen, nach Plastik riechenden Ton. Daher werden viele Maischen vor der Vergärung passiert, um alle Nüsschen abzutrennen. Besonders aromatische Sorten ergeben auch sehr feinfruchtige Brände.
Das Mitdestillieren von Früchten beim Feinbrand führt zu verkochten Aromen mit Marmeladegeschmack im fertigen Brand.

Der Erdbeerbrand

Gute Brände aus Erdbeeren sind etwas sehr Aromatisches und Feinfruchtiges. Das Aroma der Früchte ist langanhaltend und intensiv. Walderdbeerbrände sind noch aromatischer. Der Brand ist sehr mild am Gaumen und weich in der Nase. Die völlige Reife ist oftmals erst nach etwa zwei Jahren Lagerung erreicht.

PRAXISTIPP:

Passierte Maischen enthalten keinen Geruch und Geschmack nach den Nüsschen und sind somit intensiver fruchtig und aromatischer. Der Gesamteindruck bei diesen Bränden ist immer besser als bei nicht passierter Maische.

Wildfrüchte

Ebereschen

Ebereschendestillate werden aus den Früchten der Wildform und aus den Früchten der süßen mährischen Eberesche hergestellt. Diese klassische Brennfrucht wird in vielen Gebieten Europas hergestellt. Vogelbeerbrände erfreuen sich besonders in gebirgigen Regionen großer Beliebtheit und lassen sich auch dementsprechend leicht vermarkten.
Ebereschenbeeren stellen in der Verarbeitung eine sehr schwierige Frucht dar, da die Beeren von Natur aus nur sehr wenig Wasser und den natürlichen Konservierungsstoff Sorbinsäure enthalten. Sorbinsäure verhindert das Wachstum von Pilzen, was sich natürlich auf das Hefewachstum negativ auswirkt. Ebereschenmaischen sind deshalb unbedingt zu wässern, und es ist notwendig, der Hefe optimale Bedingungen zu bieten. Werden Kulturebereschen verarbeitet, so sind gute Ausbeuten zu erzielen, aber das Aroma des Brandes wird gesenkt. Dies ist durch eine Mitverarbeitung von ungefähr 10 % bis 20 % Wildbeeren zu verhindern.

Der Ebereschenbrand oder Vogelbeerbrand

Diese Destillate werden in zwei Gruppen unterteilt: die feinfruchtigen Brände aus Früchten, die noch nicht gefroren waren und somit sehr zart lieblich und nach leichten Marzipantönen schmecken; und die herbwürzigen Brände, die nach traditionellen Verfahren hergestellt wurden, deren Hauptgeschmack Bittermandel und stark gerbende Stoffe sind. Beide Geschmacksrichtungen finden ihre Liebhaber. In klassischen Vogelbeergegenden werden aber nur „traditionelle" Brände produziert und verkauft.

Elsbeeren

Die Elsbeere gilt unter Kennern als der eigentliche Star der Brennfrüchte. Durch die nur geringen Erträge und die Beschwerlichkeit der Ernte, die noch dazu nicht jedes Jahr stattfinden kann, zählen Elsbeerbrände zu den teuersten der Welt. In der Verarbeitung stellen die Früchte keine Schwierigkeit dar. Nach der Zerkleinerung, einer etwa 10 %-igen Wässerung und dem Ansäuern erfolgt wie bei allen anderen Obstarten die Gärung. Wichtig ist, dass die Maische sofort in die abgehende Gärung destilliert wird, damit es zu keinem Verderb kommt.

Der Elsbeerbrand

Der Elsbeerbrand – oder Adlitzbeerbrand, wie er auch noch genannt wird – weist ein deutlich kerniges Geschmacksbild auf. Vereinzelt ist ein hoher Anteil an Benzaldehyd bemerkbar. Die nussigen Komponenten rühren vom herben, würzigen Fruchtfleisch her. Der Geschmack erinnert manchmal an Dörrbirnen mit einem leicht bitteren Abgang.

Speierling

Die Früchte des Speierlings eignen sich sehr gut zur Herstellung von Bränden. Die Früchte sind sehr gerbstoffreich, was eine Wässerung vor der Gärung erfordert, da sonst die Gärdauer zu lange bemessen wird oder es in Einzelfällen zu gar keiner Aktivität der Hefe kommt. Produkte aus dieser seltenen Frucht haben eine Vielzahl an Liebhabern. Durch die Seltenheit des Brandes sind Liebhaberpreise keine Seltenheit.

Der Speierlingbrand

Den Brand kennzeichnet ein zartfruchtiges Aroma, das verhalten an Vogelbeere erinnert. Weiche Fruchtkomponenten wechseln mit einer herben Intensität von Bittermandel und Schokolade. Einzelne Brände lassen auch herb-adstringierende Noten am Gaumen erkennen.

Wein und Produkte rund um die Traube

Traube

Die Traube eignet sich hervorragend zur Verarbeitung zu Edelbränden. Durch die vielen verschiedenen Sorten sind unterschiedliche Geschmacksrichtungen möglich. Besonders aromatische Varianten haben ihre Liebhaber und sind vom Kunden auch als Sorte zu erkennen. Durch den hohen Anteil an Flüssigkeit sind Traubenmaischen eher leicht zu verarbeiten und brauchen nicht allzu stark behandelt zu werden. Der pH-Wert der Maische liegt gewöhnlich schon im pas-

senden Bereich. Die frischen Trauben werden geerntet und anschließend von den Kämmen befreit.
Sollten die Stiele dabei bleiben, so ist immer eine herbe Note erkennbar. Auch die Verarbeitung wird durch die Stiele etwas erschwert, da oftmals ein Verstopfen des Abflusses das Endergebnis ist.
Die Vergärung ist bei einer Temperatur von etwa 16 °C durchzuführen, damit das Aroma fruchtig bleibt. Bereits kurz nach Gärende empfiehlt es sich, diese Maische zu destillieren.
Pektinreiche Sorten und Direktträger sind auf jeden Fall unmittelbar nach dem Gärende zu destillieren, um Probleme mit dem Methanolgehalt im fertigen Brand zu verhindern.

Der Traubenbrand

Zarte Fruchtnoten mit Beerenaromen bis hin zu deutlich intensiven, würzigen Geschmackskomponenten kennzeichnen diese große Gruppe.
Vor allem Muskatsorten bringen sehr intensive, lang anhaltende Brände.
Nicht so aromaintensive Sorten, wie etwa Riesling oder Burgunder, führen zu sehr feinen und eleganten Bränden.

Trester

Die Verarbeitung von Trester war früher nur Abfallverwertung. Erst die letzten Jahre brachten hier Fortschritte in der Beurteilung des Ausgangsmateriales und eine entsprechend saubere Verarbeitungsform. Nur frische Trester, die entsprechend luftdicht eingestoßen werden, oder Trester von roten Trauben direkt nach dem Pressen eignen sich für ein gutes Endprodukt. Bei der Verarbeitung von Trester aus weißen Trauben werden diese luftdicht in Behälter gestoßen und alle 10 cm mit einer Hefelösung übergossen, um eine reine Gärung zu gewährleisten. Direkt nach Vergärung des gesamten Zuckers werden die Trester dann mit einem hohen Wasseranteil destilliert.
Moderne Betriebe haben eigene Tresterbrennereien, wo die Aromastoffe und der Alkoholgehalt mit Dampf abdestilliert werden.
Grundsätzlich gilt: Je trockener die Trester sind, desto aromaintensiver wird das fertige Destillat. Will man den intensiv-würzigen Ton unterbinden, so können die Traubenkerne noch vor dem Einmaischen entfernt werden.
Aus diesen kann dann noch Traubenkernöl zur Bereicherung der Produktpalette gewonnen werden.

Der Tresterbrand

Brände aus Traubentrester sind vor allem sehr aromaintensiv und durch einen großen Anteil an Gerbstoffen am Gaumen erkennbar.
Zumeist herrscht eine intensive Würze und ein großer Fruchtanteil vor.
Überlagerte Trestermaischen oder Maischen aus nicht ganz sauberem Rohmaterial führen zu sehr dumpfen, unreinen Bränden.
Tresterbrände eignen sich sehr gut zur Lagerung in Holzfässern.

Wein

Destillate aus Wein sind zumeist eher neutral und verhalten. Nur sehr aromaintensive Traubensorten ergeben würzige Brände.
Der fertige Wein wird direkt nach Gärende und möglichst ungeschwefelt destilliert.
Beim klassischen Weinbrand wird auch die Hefe mitdestilliert, damit der Brand etwas mehr Körper erhält.
Werden ältere, geschwefelte Weine destilliert, so müssen sie entschwefelt werden.
Die einfachste Art der Entschwefelung ist während der doppelten Destillation, wo während des Feinbrennens Entsäuerungskalk mitdestilliert wird.

ACHTUNG!

Beim Destillieren mit Entsäuerungskalk ist der Kessel sofort während des Entleerens mit frischem Wasser zu reinigen!

Bei der Kolonnendestillation kann die Entschwefelung mit H_2O_2 durchgeführt werden. Der fertige Branntwein aus Wein (noch farblos) wird dann mindestens 1/2 Jahr im Holzfass gelagert und darf erst danach als Weinbrand bezeichnet werden.

Weinbrand und Branntwein aus Wein

Das farblose Destillat aus Wein wird als Branntwein bezeichnet. Diese Gruppe ist im Fruchtaroma zumeist etwas verhalten.
Erst nach entsprechend langer Holzfasslagerung darf „Weinbrand" am Etikett stehen. Das Aroma wird dabei meist vom Holz dominiert.
Nur wirklich gut gemachte und harmonische Brände können bei Verkostungen bestehen.
Viele Weinbrände werden noch mit Zucker aufgebessert, um mehr Körper zu erreichen.

Hefe

Brände aus der Hefe von Wein oder Obstwein sind ein beliebtes Produkt zur Destillation. Das Ergebnis ist zumeist sehr mild und weich und durch ein sehr fruchtiges Aroma gekennzeichnet. Während der Destillation schäumen diese stark. Nach altem Hausrezept kann Fett mitdestilliert werden, um dies zu verhindern. Silikonhaltige Schaumstoppmittel erfüllen den Zweck heute aber deutlich besser, ohne eine Geschmacksbeeinflussung zu erzielen.

PRAXISTIPP:

Wenn silikonhaltige Schaumentferner eingesetzt werden, kann man Hefebrände auch ohne Übergehen destillieren. Vereinzelt können geschmacklose Lebensmittelfette den gleichen Effekt erzielen.

Der Hefebrand

Hefebrände sind sehr fein und zartaromatisch. Das Aroma ist durch Hefeöl gekennzeichnet und sehr lang anhaltend. Feine Fruchtester führen zu einem sehr typischen und angenehmen Brand. Hefebrände wirken am Gaumen immer sehr weich und erreichen somit auch jene Konsumenten, denen gewöhnliche Brände zu scharf erscheinen.

Mehlige Stoffe

Kartoffeln

Das Brennen von Kartoffeln zählt wahrscheinlich zur ältesten Verarbeitung im Destillationsbereich. Die Stärke in den Knollen wird dabei zu Zucker gespalten und anschließend vergoren. Bei besonders sauberen Früchten ergibt dies einen aromatischen und typischen Brand, mit der klaren Charakteristik von Kartoffeln. Je nach Sorte sind verschiedene Geschmacksrichtungen erkennbar. Erst bei höherer Rektifizierung erfolgt die Reinigung zu einem geruchlosen Brand, wie er als Wodka verkauft wird. Versuche mit geschälten Früchten haben ein noch intensiveres Aroma im fertigen Produkt ergeben. Das Brennen von mehligen Stoffen ist allerdings nicht in jedem Brennrecht verankert. (Siehe Brennrechte)

Der Kartoffelbrand

Brände aus Kartoffeln sind aromatisch, würzig und typisch nach Kartoffel schmeckend. Gereinigte Brände sind leer, geruchlos und schmecken nur nach Alkohol. Für den eigenen Verbrauch und zum Ansetzen eignen sich aber zweifach oder über die Kolonne destillierte Produkte.

Topinambur

Die Topinambur als Knollenfrucht ist eine altbewährte Brennwurzel. Zumeist werden dabei alte, zuckerreiche Sorten verwendet. Die sehr sauber gereinigten Knollen ergeben typische und geschmacksintensive Brände, die durch ihren erdigen Ton klar definiert werden können. Interessant sind hier aber auch einige neue Sorten, die entsprechende Zuckergehalte mit sich bringen. Einzelne Sorten sollen dabei Alkoholausbeuten bis 9,8 Liter je 100 kg Maische ermöglichen.

Der Topinamburbrand

Ein klarer, deutlich aromatischer Brand, sehr intensiv, mit starken Wurzeltönen am Gaumen. Bei nicht richtiger Verarbeitung sind diese Brände teilweise bitter, mit einer Aromanote nach gerösteten Haselnüssen.

Getreide und Mais

Die Destillation aus Getreide und Mais ist eine einfache Vorgehensweise, die jedoch nicht von allen Brennern durchgeführt werden darf. Bei Unklarheiten ist das Nachfragen bei der zuständigen Behörde anzuraten. Die Vorgehensweise ist sehr einfach, wenn die Stärke einmal aufgeschlossen ist und der Zucker in einer Form vorliegt, die ohne Schwierigkeiten vergoren werden kann. Dann kann die Maische wie Obstmaische weiterbehandelt werden. Der Aufschluss erfolgt gewöhnlich durch Erhitzen der Maische und dem Einsatz von stärkespaltenden Enzymen.

Der Getreide- und Maisbrand

Diese Brände sind zumeist eher neutral, wobei ausgangstypische Aromen bemerkt werden. Geruchsintensive Getreidesorten führen zu intensiven Ergebnissen. Hier zeichnet sich vor allem Hafer und Roggen aus. Dinkel und Weizenarten sind oftmals vom Malzcharakter überdeckt. Bei Maisbrand ist das Aroma fast immer im Hintergrund.

Gemüse

Das Destillieren von Gemüse ist nicht allen Brennern gestattet. Bei einigen Betrieben, denen diese Verarbeitung gestattet ist, findet man Brände aus Karotten, Kürbis, Tomaten oder ähnlichem. Auch Rote Rüben und Sellerie sind schon bei Verkostungen eingereicht worden. Die Verarbeitung ist wie bei Obst, allerdings weisen viele Sorten nur einen sehr geringen Zuckergehalt auf. Eine Aufzuckerung der Maische ist hier ebenso wie bei Obst untersagt. Daher sind die Ausbeuten oftmals nur sehr gering. Wichtig ist bei allen Gemüsearten, die im Boden produziert werden, dass sie besonders sauber gereinigt sind. Auch auf die entsprechende Ansäuerung der Maische ist zu achten, um den biologischen Verderb auszuschließen. Die meisten Gemüsearten sind im pH-Wert deutlich höher angesiedelt als Obst.

Der Brand aus Gemüse

Diese Brände zeichnen sich durch ein intensives Aroma und meist sehr typische Geschmacksbilder aus. Je nach Reinheit der Art sind klare und deutlich schmeckende Ergebnisse zu erwarten. Unsaubere Produkte sind meist so dumpf und unrein, dass sie als unangenehm empfunden werden. Einzelne regionale Produkte haben überregionale Berühmtheit erlangt.

Geräte zur Zerkleinerung des Obstes

Für eine gut zu gärende Maische, bei der ein entsprechender Aufschluss möglich ist, werden alle Obstarten vor der Vergärung zerkleinert.

Die Zerkleinerung erfolgt soweit, dass Kerne und Stiele nicht zerschlagen werden.

Viele dieser Geräte ermöglichen eine vorherige Einstellung.

Walzenmühlen

Diese Geräte zerquetschen die Früchte zwischen zwei gegeneinanderlaufenden Walzen verschiedener Bauarten. Je nach Bauart der Walzen sind sie für unterschiedliche Verwendungen geeignet. Im Produktionsbereich wird zwischen glatten, gezahnten, überlappten und zahnradartigen Walzen unterschieden. Die Walzen können aus Edelstahl, Holz oder Gummi hergestellt sein. Vor allem Gummiwalzen sind für die Zerkleinerung von Steinobst sehr gut geeignet.
Gleichzeitig sind damit auch unterschiedliche Zerkleinerungsgrade möglich.

Rätzmühlen

Rätzmühlen zerkleinern das Obst durch das Vorbeiführen der Rohware an gezackten Messern, die vielfach auswechselbar sind. Die Früchte werden durch einen rotierenden Rotor an die Außenseite gedrückt, wodurch sie über die Messer zerschlagen werden. Eine Verarbeitung anderer Obstarten als Kernobst ist vielfach nicht möglich. Für Kernobst sind sie jedoch sehr gut geeignet und die Maische weist einen gleichmäßigen Zerkleinerungsgrad auf.

Schleuderfräsen

Schleuderfräsen zerkleinern die Rohware, indem sie durch die Fliehkraft die Äpfel an den Rand führen und diese dann über feine Schabgitter oder Siebe führen. Schleuderfräsen werden für alle Kern- und Beerenobstarten verwendet, was durch ein Austauschen der Siebe möglich ist. Eine Zerkleinerung von Steinobst ist mit diesen Geräten nicht möglich.

Schabgeräte

Zumeist sind dies Obstmühlen älterer Bauart, die noch in Verwendung stehen. Diese Geräte, bei denen das Obst mittels Schieber an eine rotierende Walze mit Zerkleinerungsblättchen gedrückt wird, zerkleinern die Rohware zumeist sehr gut. Als Nachteil kann die teilweise unterschiedliche Größe der einzelnen Teile angesehen werden. Dies kann teilweise zu einer Ausbeuteverminderung führen.

Mühlen

Für die Zerkleinerung von Getreide und Körner ist es notwendig, eine Mühle zu verwenden. Üblich sind hier Steinmühlen oder Schrotmühlen, die das Getreide mit rotierenden Hämmern zerschlagen. Der Zerkleinerungsgrad kann gewöhnlich bei all diesen Geräten entsprechend eingestellt werden. Durch die direkte Zerkleinerung vor der Erhitzung kann das Aroma sehr gut erhalten werden.

Mixgeräte

Große Flügelmixer mit entsprechend starken Motoren können sehr gut für die Zerkleinerung von Obst verwendet werden. Besonders bei Stein- und Beerenobst werden damit sehr gute Ergebnisse erzielt. Diese Geräte arbeiten mit einem Motor und einer darauf angebrachten Welle, an deren Ende entweder ein Flügel oder eine Mixermechanik angebracht ist. Dabei werden keine Steine zerstört, so dass von vornherein der Anteil an Benzaldehyd im fertigen Produkt minimiert werden kann. Bei kleineren Mengen kann dies auch eine Bohrmaschine und ein Bohrmaschinenpropeller oder ein Rührgerät für Fliesenkleber aus dem nächsten Baumarkt sein.

PRAXISTIPP:

Die besten Erfolge können bei bereits angegorenen oder in Gärung befindlichen Maischen erreicht werden, da diese von der Schale weicher sind und somit leichter zerstört werden können.

Spezielle Arbeitsweisen bei der Zerkleinerung der Rohware

Kernobst

Zum Zerkleinern von Kernobst sind Rätzmühlen und Schleuderfräsen gut geeignet. Um eine einheitliche und gute Maische zu erzielen, sollte die Rohware möglichst gleichmäßig zerkleinert werden, damit optimale Zuckerausbeuten möglich sind. Am besten sind hierfür Fliehkraftgeräte geeignet, die ein sehr gleichmäßiges Mahlgut herstellen.

Bei der Zerkleinerung von Kernobst ist darauf zu achten, dass möglichst wenige Stiele und Kerne zerquetscht werden, um Fremdgeschmack im fertigen Brand zu vermeiden. Bei einzelnen Birnensorten ist deshalb ein Entstielen nicht unangebracht. Dies betrifft alte und kleine Sorten.

Steinobst

Steinobst bereitet bei der Zerkleinerung die meisten Probleme, da die Steine nicht zerschlagen werden sollen, um einen Bittermandelton durch die Freisetzung von Amygdalin zu verhindern.

In Großbetrieben werden die Früchte vor der Verarbeitung mit Entsteinungsmaschinen entsteint, die in der Anschaffung teilweise teuer sind. Bei einigen davon ist die Qualität der Arbeit jedoch nicht entsprechend. Vor allem bei harten Früchten treten vereinzelt große Verluste – durch ein Zurückbleiben des Fruchtfleisches an den Steinen – auf. Bei gut arbeitenden Maschinen ist die Maische dann zumeist auch schon dementsprechend zerkleinert. Kleinstbetriebe entsteinen die Früchte oftmals per Hand, was das Endprodukt durch die Arbeitskosten allerdings sehr stark verteuert. Dazwischen liegt die einfachste Möglichkeit, die Rohware mit einem Propellermixer bei geringer Drehzahl zu zerkleinern, damit keine Steine zerschlagen werden. Anschließend kann man die Steine über ein Sieb sehr einfach abtrennen. Diese Tätigkeit kann sogar noch kurz vor dem Brennen durchgeführt werden, denn dann ist die Maische zumeist schon vollständig verflüssigt. Gut geeignet sind auch Gummiwalzenmühlen, wobei eine weiche Gummibeschichtung notwendig ist. Dafür müssen die Früchte dann ebenfalls etwas weich sein, denn harte Früchte würden ganz durchgehen.

Beerenobst

Zur Zerkleinerung von Beerenobst werden in den Betrieben Propellermixer in verschiedenen Größen eingesetzt. Vereinzelt bieten die Firmen, die Fliehkraftmühlen führen, spezielle Beerensiebe oder -gitter an, die jedoch nur bei vollständig gerebelter Ware gute Leistungen erbringen. Rebler, wie sie im Weinbau verwendet werden, sind zur Zerkleinerung ebenfalls sehr gut geeignet, da die Ware während des Arbeitsvorgangs gerebelt und zerkleinert wird. Dadurch kann ein Arbeitsschritt eingespart werden. Bei der Zerkleinerung von Beerenobst ist allerdings darauf zu achten, dass die Umdrehungen der Maschinen nicht zu hoch sind, da sonst zu viele Kerne, Steinchen und Nüsschen der Früchte zerstört werden.
Als am besten zur Zerkleinerung von Beeren- und Steinobst geeignet haben sich in den letzten Jahren die verschiedenen Propellermixgeräte erwiesen, die es vom kleinen Handgerät bis zum fix montierten Deckengerät gibt.

PRAXISTIPP:

Die besten Erfolge beim Zerkleinern von Stein- und Beerenobst mit Mixgeräten können nach 2 bis 3 Tagen Angärdauer erreicht werden, da zu diesem Zeitpunkt schon viele Früchte weich sind.

Mehlige Stoffe

Je nachdem, welches Produkt verarbeitet werden soll, sind verschiedene Verfahren zur Zerkleinerung notwendig. Getreide und Mais wird überwiegend mit Schrotmühlen oder einfachen Mühlen zerkleinert und im Anschluss daran weiterbearbeitet. Alle anderen mehligen Stoffe wie Topinambur oder Kartoffeln werden mit Obstmühlen zerkleinert und erst anschließend weiterverarbeitet und thermisch aufgeschlossen. Am besten hierfür geeignet sind Fliehkraftmühlen. Hier ist es besonders wichtig, dass alle mit dem Produkt in Berührung kommenden Teile aus Edelstahl sind.

Hygiene in Produktionsräumen

Räume, in denen Obst be- und verarbeitet wird, sind gesetzlich genau geregelt und werden als Anforderungen an die Betriebsstätte bezeichnet.

Diese Anforderungen an die Betriebsstätte sind in der Lebensmittelhygieneverordnung EU VO vom 5. August 1997 (LHVO) geregelt.

Der folgende Text gibt eine Übersicht über die Anforderungen und die damit verbundenen baulichen Notwendigkeiten. In der LHVO wird im § 2 festgestellt, was als Betriebsstätte gilt.

§2 Begriffsbestimmungen

Im Sinne dieser Verordnung sind

1. Betriebsstätten:

a: Einrichtungen, in denen Lebensmittel hergestellt, behandelt oder in den Verkehr gebracht werden, mit Ausnahme der unter Buchstabe b genannten Betriebsstätten, und

b: ortsveränderliche oder nichtständige Einrichtungen wie Verkaufszelte, Marktstände, mobile Verkaufseinrichtungen, Verkaufsfahrzeuge sowie Verkaufsautomaten, in denen Lebensmittel hergestellt, behandelt oder in den Verkehr gebracht werden.

Im Anhang an Kapitel 1 werden diese Begriffsbestimmungen näher erläutert.

Kapitel 1

Anforderungen an Betriebsstätten im Sinne des § 2 Nr. 1 Buchstabe a

1. Betriebsstätten müssen so beschaffen sein, dass
   eine gute Lebensmittelhygienepraxis zum Schutz der Lebensmittel gegen nachteilige Beeinflussung gewährleistet ist;
   eine Reinigung und erforderlichenfalls eine Desinfektion möglich ist;
   geeignete Temperaturen für ein hygienisch einwandfreies Herstellen, Behandeln oder Inverkehrbringen von Lebensmitteln herrschen.

2. Betriebsstätten müssen sauber und instand gehalten werden.

3. Es müssen in ausreichender Zahl leicht erreichbare Handwaschbecken vorhanden sein, ebenso Toiletten mit Wasserspülung, bei denen eine einwandfreie Ableitung erfolgt. Toiletten müssen mit Handwaschbecken ausgestattet sein und dürfen keinen direkten Zugang zu Räumen haben, in denen Lebensmittel hergestellt, behandelt oder in Verkehr gebracht werden.

4. Für Handwaschbecken muss eine Warm- und Kaltwasserzufuhr vorhanden sein. Darüber hinaus müssen Mittel zum hygienischen Reinigen und Trocknen der Hände vorhanden sein.

5. Es muss eine ausreichende natürliche oder mechanische Be- und Entlüftung vorhanden sein. Mechanische Luftströmungen aus einem unreinen zu einem reinen Bereich sind zu vermeiden. Lüftungssysteme müssen so installiert sein, dass Filter und andere Teile, die gereinigt oder ausgetauscht werden müssen, leicht zugänglich sind.

6. Alle sanitären Einrichtungen müssen über eine ausreichende natürliche oder mechanische Be- und Entlüftung verfügen.

7. Betriebsstätten müssen über eine ausreichende natürliche oder künstliche Beleuchtung verfügen.

8. Die Abwasseranlagen müssen für den beabsichtigten Zweck ausreichend und so beschaffen sein, dass es nicht zu einer nachteiligen Beeinflussung von Lebensmitteln kommen kann.

9. Für ausreichend Umkleidemöglichkeiten für das Personal ist, soweit erforderlich, zu sorgen.

Das Kapitel 2 regelt die Anforderungen an die Räume und deren Beschaffenheit.

Kapitel 2

Anforderung an Räume, Vorrichtungen und Geräte in Betriebsstätten im Sinne des § 2 Nr. 1 Buchstabe a

Räume in Betriebsstätten müssen folgenden Anforderungen genügen:

Die Fußböden sind in einwandfreiem Zustand zu halten und müssen leicht zu reinigen und erforderlichenfalls zu desinfizieren sein. Sofern erforderlich, sind dabei wasserundurchlässige, wasserabstoßende und abwaschbare Materialien zu verwenden. Gegebenenfalls muss auf den Fußböden eine angemessene Ableitung des Abwassers möglich sein.

Die Wandflächen sind erforderlichenfalls mit glatten Oberflächen bis zu einer für die entsprechenden Arbeitsvorgänge angemessene Höhe zu versehen. Sie sind in einwandfreiem Zustand zu halten und müssen leicht zu reinigen und erforderlichenfalls zu desinfizieren sein. Sofern erforderlich, sind dabei wasserundurchlässige, wasserabstoßende oder abwaschbare Materialien zu verwenden.

Die Decken und Deckenvorrichtungen müssen so beschaffen sein, dass

Ansammlungen von Schmutz und Kondenswasser sowie unerwünschter Schimmelbefall und Ablösung von Materialien vermieden werden.

Fenster und sonstige Öffnungen müssen so beschaffen sein, dass Schmutzansammlungen vermieden werden. Können Fenster oder Öffnungen ins Freie geöffnet werden, müssen sie erforderlichenfalls mit zu Reinigungszwecken leicht entfernbaren Insektengittern ausgestattet sein.

Türen und Fenster müssen leicht zu reinigen und erforderlichenfalls zu desinfizieren sein. Sie müssen erforderlichenfalls mit glatten und wasserabstoßenden Oberflächen versehen sein.

Oberflächen, einschließlich der Oberflächen von Einrichtungen, die mit Lebensmitteln in Berührung kommen, sind in einwandfreiem Zustand zu halten und müssen leicht zu reinigen und erforderlichenfalls zu desinfizieren sein. Sofern erforderlich, sind für Oberfläche von Einrichtungen hygienisch unbedenkliche, glatte und abwaschbare Materialien zu verwenden.

Räume dürfen nicht für betriebsfremde Zwecke benutzt werden.

2. Zum Reinigen von Lebensmitteln müssen erforderlichenfalls geeignete Vorrichtungen vorhanden sein. Reinigungsbecken und andere für das Reinigen von Lebensmitteln bestimmte Vorrichtungen müssen je nach Bedarf über eine angemessene Zufuhr von warmem und kaltem Wasser verfügen und sauber gehalten werden. Vorrichtungen zum Reinigen von Lebensmitteln müssen von den Handwaschbecken getrennt sein.

3. Soweit erforderlich, müssen zum Reinigen und Desinfizieren von Arbeitsgeräten und Ausrüstungen geeignete Vorrichtungen vorhanden sein. Diese Vorrichtungen müssen aus korrosionsbeständigen Materialien bestehen, leicht zu reinigen sein und eine ausreichende Warm-Kaltwasserzufuhr besitzen.

4. Über die Vorschriften der Nummer 1 bis 3 hinaus müssen Räume in Betriebsstätten, in denen leichtverderbliche Lebensmittel hergestellt oder unverpackt behandelt oder in den Verkehr gebracht werden, folgenden Anforderungen genügen:

4.1 Die Fußböden müssen wasserundurchlässig und zu desinfizieren sein. Sie müssen so beschaffen sein, dass eine angemessene Ableitung des Abwassers möglich ist.

4.2 Die Wandflächen sind mit glatten, wasserundurchlässigen und abwaschbaren Materialien zu versehen.

4.3 Die Decken und Deckenvorrichtungen müssen leicht zu reinigen sein.

4.4 Fenster und Öffnungen, die ins Freie geöffnet werden können, müssen mit zu Reinigungszwecken leicht entfernbaren Insektengittern ausgestattet sein.

4.5 Türen und Fenster müssen mit glatten und wasserabstoßenden Oberflächen versehen sein.

4.6 Für Oberflächen und Einrichtungen, die mit Lebensmitteln in Berührung kommen, sind glatte und abwaschbare Materialien zu verwenden. Die Oberflächen müssen zu desinfizieren sein.

4.7 Es müssen geeignete Vorrichtungen zum Reinigen und Desinfizieren von Arbeitsgeräten und Einrichtungen vorhanden sein. Diese Vorrichtungen müssen aus korrosionsbeständigen Materialien bestehen, leicht zu reinigen sein und eine ausreichende Warm-Kaltwasserzufuhr besitzen.

5. Die Nummern 1 bis 4 finden auf Gast- oder Speiseräume und Essbereiche in Einrichtungen zur Gemeinschaftsverpflegung oder auf Essbereiche in Ladengeschäften ohne Sitzgelegenheit keine Anwendung.

Was heißt das nun für den Brenner?

Für eine zeitgemäße, einwandfreie Obstverarbeitung müssen diese Bedingungen erfüllt werden. Die Beratungspraxis zeigt jedoch oftmals das Gegenteil – gestampfter Lehmboden, Hallen, in denen Geräte und Maschinen der Landwirtschaft untergebracht sind, oder alte, schimmelige Keller.

Schon allein aus arbeitstechnischen Gründen muss vielfach eine Modernisierung in Richtung Hygiene unternommen werden. Ein sauberer Raum, verfliest, mit einer festen, abwaschbaren Decke und einer entsprechenden Entlüftung sorgt für eine gute und saubere Arbeitsmöglichkeit im eigenen Betrieb – und es ist auch möglich, den Kunden durch diese Räume zu führen.

Wichtig ist jedoch, dass keine Möglichkeiten für die Ausbreitung von Schimmel vorhanden sind. Nicht nur, dass er unhygienisch ist und die Wand unsauber aussieht, meist führt er auch zu einer Kreuzkontamination und damit verdorbenen Produkten.

Eine entsprechende Reinigung und Desinfektion muss möglich sein, auch wenn nicht alle Punkte zugleich erfüllt werden können. Es sollte aber bei allen baulichen Tätigkeiten daran gedacht werden. Die Möglichkeit der Reinigung in den Räumen und ein Arbeiten mit Wasser und Desinfektionsmittel muss auch bei einfachsten Bedingungen gegeben sein.

Um Bakterien in der Produktion von Getränken auszuschalten, ist es notwendig, alle Gebinde, Geräte und Leitungen immer peinlichst sauber zu halten. Dies gilt besonders nach Abschluss der Arbeit, da der vorhandene Zucker als optimale Bakteriennahrung gilt.

Auch die Wände, Decken und Böden sind immer wieder sauber zu reinigen. Zur Kellerreinigung bei verfliesten Böden und Wänden sind scharfe Putzmittel gut geeignet. Bei besonders starken Problembereichen ist eine Reinigung mit chlorierten Lösungen zu empfehlen.

Ansonsten kann mit gewöhnlicher Sodalauge gereinigt werden. Vielfach führt auch ein Dämpfen der Räumlichkeiten und Leitungen zu passablen Ergebnissen.

Gesetzliche Rahmenbedingungen für die Brandherstellung in Europa

Die Branntweinproduktion ist in Europa in jedem Staat durch sehr viele Gesetze und Verordnungen geregelt. In den folgenden Abschnitten sollen die wichtigsten aufgelistet und vorgestellt werden.

Die Brennrechte in Österreich

(nach dem Alkohol-Steuergesetz)

Abfindungsbrenner und Stoffbesitzer

Bei diesen Brennrechten ist eine Abgabe je Liter Branntweinmenge zu entrichten, die aus der angegebenen Obstart und der angegebenen Maischemenge mit festen oder besonderen Ausbeutesätzen pauschal ermittelt wird.

Stoffbesitzer

Stoffbesitzer sind Personen, die ausschließlich eigene Rohstoffe verarbeiten und diese auf einem fremden Brenngerät destillieren. Sie dürfen je nach Betriebsjahr nicht mehr als 200 Liter Ethanol herstellen. Alles andere siehe Kapitel „Abfindungsbrennrechte".

Abfindungsbrennrechte

Die bäuerlichen Abfindungsbrennrechte sind in verschiedene Untergruppen gegliedert.

100-Liter-Abfindungsbrennrecht

Abfindungsbrenner haben die Möglichkeit, jährlich eine gewisse Menge Alkohol aus selbsterzeugten Rohstoffen herzustellen. Nachdem mit dem Beitritt zur Europäischen Union das Hausbrandrecht in Österreich gefallen ist, wurde für alle Kleinbrenner, die einen landwirtschaftlichen Vollerwerbsbetrieb führen, die Möglichkeit geschaffen, eine gewisse Menge monopolabgabefrei herzustellen.

Die **Freimengen** unterteilen sich folgendermaßen:

- jeweils 7,5 Liter Alkohol für den Betriebseigentümer und Partner
- jeweils 3 Liter Alkohol für jede weitere im Haushalt lebende, im Betrieb mitarbeitende und kein eigenes Einkommen beziehende Person. Das sind Ausgedingelasten, studierende Kinder, Bedienstete, aber auch im Betrieb lebende Verwandte.

Diese Alkoholmengen sind völlig gebührenfrei herzustellen und dürfen, entgegen früherer Bestimmungen, verkauft werden.
100-Liter-Abfindungsbrenner dürfen gewöhnlich von 6.00 bis 18.00 Uhr brennen. Abweichungen von dieser Zeit müssen dem Zollamt mitgeteilt werden.
Die Destillationszeit und die Branntweinabgabe wird nach festen Sätzen, die von der Maischemenge und dem Brenngerät abhängen, ermittelt. Abfindungsbrenner müssen ein eigenes Brenngerät besitzen. Die Brenngeräte dürfen bis zu max. drei Verstärkungsböden aufweisen.
Jede Veränderung, jeder Neukauf ist dem zuständigen Zollamt mitzuteilen.

Der Ausbeutesatz ist je nach Obstart ein unterschiedlicher Fixsatz, der nur bei nicht definierten Obstarten und Maischen vom Finanzamt festgesetzt werden darf. Der Ausbeutesatz – kurz als lA (Liter Alkohol) bezeichnet – ist die theoretische Reinethanolmenge, die aus 100 Litern Maische gewonnen werden kann.

Bei diesem Brennrecht dürfen ebenfalls nur selbstgewonnene Rohstoffe verarbeitet werden. Jeglicher Zukauf fremder Rohstoffe ist verboten.

Für Abfindungsbrenner und Stoffbesitzer wird ein Branntweinaufschlag je Liter Ethanol berechnet. Dies sind bei allen Rohstoffen 5,40 € je lA. Falls der Brennberechtigte jedoch einmal mehr als 100 Liter Alkohol herstellen möchte, so hat er die Möglichkeit, weitere 100 Liter zu einem erhöhten Steuersatz von 9,– € herzustellen.

Derzeit in Österreich vorgeschriebene Ausbeutesätze

Äpfel und Birnen	3,0
Sonstiges Kernobst	2,0
Zwetschken, Pflaumen, Mirabellen	5,5
Kirschen, Weichseln (Sauerkirsche)	5,0
Schlehen, Kornelkirsche	2,0
Sonstiges Steinobst	3,0
Wacholderbeeren, Vogelbeeren	1,5
Hagebutten	2,0
Sonstige Beeren	2,0
Weintrauben	4,5
Traubenwein	10,0
Obstwein	6,0
Obstweinhefe und Traubenweinhefe flüssig	3,0
Obstweinhefe und Traubenhefe gepresst	2,0
Treber und Trester	2,5
Meisterwurz, Enzianwurzel	2,0
Halmrüben	2,0
Nicht selbstgewonnene Äpfel, Birnen und sonstiges Kernobst	3,6

300-Liter-Abfindungsbrennrecht

Für das 300-Liter-Brennrecht gilt dasselbe wie für das 100-Liter-Brennrecht, nur dass die jährliche Menge 300 lA ausmacht und 100 lA zum erhöhten Steuersatz hergestellt werden dürfen. 300-Liter-Brennrechte können nicht mehr übertragen werden.

Maria-Theresien-Brennrecht

Diese übertragene Form des 300-Liter-Abfindungsbrennrechtes geht – wie der Name schon sagt – auf Maria Theresia zurück. Es berechtigt den Inhaber, auch Ware zuzukaufen, ohne mit dem Finanzamt Schwierigkeiten zu bekommen. Allerdings ist vor dem Zukauf unbedingt zu erkunden, ob das vorhandene 300-Liter-Brennrecht auch wirklich ein Maria-Theresien-Brennrecht ist.

Verkaufsbeschränkungen

Stoffbesitzer und Abfindungsbrenner unterliegen in Österreich gewissen Verkaufsbeschränkungen.

Ein Verkauf ist nur gestattet an:

- Letztverbraucher
- Gastronomie und Schankbetriebe
- Inhaber von Alkohollagern

Der unter Abfindung hergestellte Alkohol darf nicht aus dem Steuerbereich verbracht werden.

Verschlussbrennerei mit eingeschränkter Anlagensicherung neu

Das Recht der bäuerlichen Kleinverschlussbrennerei ist ein Zwischenrecht zwischen einem 300-Liter-Brennrecht und einer gewerblichen Verschlussbrennerei. Als Bedingung führt dieses Recht einen modernen Brennkessel an. Die Alkoholmenge wird über ein Maischebuch, einen Brände- und Brennzeitenzähler und einen Durchflussmesser ermittelt. Der Inhaber dieses Rechtes darf im Durchschnitt der Jahre 1.000 Liter Alkohol herstellen. Die steuerliche Belastung liegt bei einer Jahresproduktion unterhalb von 400 Litern Alkohol bei 5,40 €. Werden größere Mengen produziert, so ist die gesamte Produktion mit 10 € zu vergebühren. Dafür sind auch alle Rechte einer Verschlussbrennerei, etwa Verkauf an Wiederverkäufer und die Exportmöglichkeit, gegeben.
Eine bäuerliche Kleinverschlussbrennerei hat den weiteren Vorteil, dass im Falle einer Vergrößerung die Anschaffungen nicht mehr so umfangreich sind.

Verschlussbrennerei

Verschlussbrennereien sind Großanlagen, die zwei Kessel oder eine Kolonne zur Grundbedingung haben. Die Anlage ist voll verschlossen, so dass jeder Alkohol, der entnommen wird, über einen Zähler laufen muss. Dieser Alkoholdurchflusszähler wird vor der Entnahme angebracht.
Verschlussbrennereien dürfen an alle Abnehmer, auch Händler, verkaufen und haben ein beinahe unbegrenztes Kontingent der Produktion. Die Rohwaren dürfen vollständig zugekauft werden.
Verschlussbrennereien haben allerdings keinen ermäßigten Steuersatz, sondern bezahlen 10 € je produziertem Liter Alkohol.

Codexkapitel B23 – Spirituosen

Der Codex (das Österreichische Lebensmittelbuch) regelt die Herstellung aller alkoholhältigen Liköre und Spirituosen.

Er ist in neun Abschnitte unterteilt, wobei die Allgemeinen Richtlinien und der Abschnitt für Edelbrände von Wichtigkeit sind.

Die folgenden Formulierungen entsprechen im Wortlaut dem Codex B23.

Edelbrände

Allgemeine Beschreibung und Bezeichnung

1. Unter Edelbrand versteht man die aus vergorenen Flüssigkeiten oder vergorenen Maischen zuckerhältiger oder verzuckerter stärkehältiger Rohstoffe hergestellten, unter Beibehaltung des ihnen eigentümlichen Aromas gewonnenen Destillate sowie die daraus durch Herabsetzung des Alkoholgehaltes mit Wasser hergestellten Produkte.
2. Je nach Rohmaterialien, die zur Herstellung verwendet wurden, sind neben Alkohol und Wasser noch charakteristische Nebenprodukte, welche den Geruch und Geschmack beeinflussen, in diesen Produkten enthalten.
3. Edelbrand wird zur Erzielung einer harmonischen Beschaffenheit einer sachdienlichen Lagerung unterzogen.
4. Ein Zusatz von höchstens 4 g Zucker pro Liter kann insoweit erfolgen, als der Gesamtextrakt von 5 g pro Liter nicht überschritten wird.
5. Produkte, die mit dem Hinweis „Bauern-“ oder „Land-“ versehen sind (z. B. „Marillen-Bauernbrand“), kommen nur als Edelbrand in den Verkehr. Eine auf bäuerliche Erzeugung hinweisende Aufmachung oder Bezeichnung wie „vom Bauern“, „original Bauernschnaps“ oder ähnliches müssen als Hinweise auf die Erzeugung durch Landwirte den Tatsachen entsprechen.

Obstbrände

Allgemeine Beschreibung

Obstbrände sind, sofern nichts anderes bestimmt wird, Spirituosen, die

1. ausschließlich durch alkoholische Gärung und Destillieren einer frischen fleischigen Frucht oder des frischen Mostes dieser Frucht – mit oder ohne Kerne – gewonnen werden,
2. die zu weniger als 86 % Vol. so destilliert werden, dass das Destillat das Aroma und den Geschmack der verwendeten Frucht behält,
3. die einen Gehalt an flüchtigen Bestandteilen von 200 g/hl r. A. oder mehr aufweisen,
4. die einen Höchstgehalt an Methanol von 1500 g/hl r. A. aufweisen und
5. deren Blausäuregehalt bei Steinobstbrand 10 g/hl r. A. nicht überschreitet.
6. Der Zuckergehalt beträgt höchstens 4 g/l. Der Alkoholgehalt beträgt mindestens 37,5 % vol.

Allgemeine Bezeichnung

1. Die so definierten Spirituosen werden unter der Voranstellung des Namens der verwendeten Frucht als Brand oder Wasser bezeichnet. Bezeichnungen wie „echt", „edel" oder gleichsinnig sind handelsüblich.
2. Werden die Maischen zweier oder mehrerer Obstarten zusammen destilliert, so wird das Erzeugnis als „Obstbrand" oder „Obstler" bezeichnet. Ergänzend können die einzelnen Arten in absteigender Reihenfolge der verwendeten Mengen angeführt werden.
3. Ein Hinweis auf ein besonderes Alter ist nur zulässig, wenn die Lagerzeit mindestens 1 Jahr beträgt.

Österreichische Qualitätsbrände

Zur Hervorhebung der traditionell hohen Qualität österreichischer Edelbrände kann ein ungestreckter Edelbrand, wenn er nachstehende Mindestanforderungen erfüllt, als „Österreichischer Qualitätsbrand" bezeichnet werden. „Österreichische Qualitätsbrände" werden nicht aromatisiert.
Bei den Österreichischen Qualitätsbränden ist ein **Mindestalkoholgehalt** von 38 % Vol. vorgeschrieben.

Die Brennrechte in Deutschland

Die Brennrechte in Deutschland werden über das Branntweinmonopolgesetz geregelt. Die Branntweinsteuer wird von der Bundesfinanzbehörde (Zollverwaltung) verwaltet. Die Steuer beträgt für Abfindungsbrenner 281 €/hl Alkohol. Kernobstbranntwein kann an die Bfb (Bundesmonopolverwaltung für Branntwein) abgeliefert werden. Dabei erhält der Brenner 360 € je hl Alkohol.

Abfindungsbrennrechte

Abfindungs- und Stoffbesitzerbrennen ist nur in bestimmten Regionen (insbesondere im Saarland, in Rheinland-Pfalz, Hessen, Baden-Württemberg und Bayern) zulässig. In den anderen Gebieten kann auf gemeinschaftliche Rechnung von Obstbaumbesitzern eine Obstgemeinschaftsbrennerei (Verschlussbrennerei) betrieben werden.

Jeder Abfindungsbrenner darf dann jährlich bis zu 300 Liter Alkohol herstellen.

Die Abfindungsbrennereien werden nicht zollamtlich gesichert. Der Abfindungsbrenner darf innerhalb eines Betriebsjahres (1. 10. bis 31. 9.) entweder 50 oder 300 Liter Alkohol aus selbsterzeugter Rohware herstellen. Stoffbesitzer besitzen kein eigenes Brenngerät und dürfen in einer Abfindungsbrennerei maximal 50 Liter Alkohol je Jahr herstellen.

Die Ausbeute wird, wie in Österreich, nach festgesetzten Ausbeutesätzen bestimmt und pauschal ermittelt. Übersteigt die Ausbeute den festgesetzten Wert, so ist die darüber liegende Menge steuerfrei.

Derzeit geltende Ausbeutesätze laut Brennereiordnung

Kirschen	**5,0**
Selbstgewonnene Sauerkirschen	**3,5**
Zwetschken und Mirabellen	**4,6**
Schlehen	**2,0**
Sonstiges Steinobst	**3,5**
Kernobst (auch Fallobst) und Kernobstwein	**3,6**
Kernobsttrester	**1,5**
Weintrauben und Beeren	**5,0**

Sonstiges Beerenobst	2,0
Traubenwein	7,0
Beerenwein und -most	4,0
Obstweinhefe	2,5
Traubenweintrester aus deutschen Weinbaugebieten	2,0
Traubenweintrub aus deutschen Weinbaugebieten	5,0
Topinamburs (Rosskartoffeln)	4,0
Enzian- und sonstige Wurzeln	2,0
Bier bis zu 13 ° Plato	4,0
Bier mit mehr als 13 ° Plato	5,0
Umgeschlagenes Bier und Bierrückstände	2,0

Verschlussbrennrechte

Die Verschlussbrennrechte gliedern sich in landwirtschaftliche, gewerbliche und Obstbrennereien. Sie sind zollamtlich gesichert, das heißt, der Alkohol kann nur durch zollamtliche Wirkung entnommen werden. Das Jahresbrennrecht der einzelnen Betriebe wird jährlich von der BfB festgelegt und regelt, wie viel Liter Alkohol jährlich hergestellt werden dürfen. (Obstbrennrechte siehe Abfindungsbrennrechte)

Die Brennrechte in der Schweiz

In der Schweiz wird die gesamte Herstellung von Brand durch die Eidgenössische Alkoholverwaltung geregelt. Diese unterscheidet in:

Gewerbeproduzenten und -produzentinnen

Der Gewerbeproduzent oder die Gewerbeproduzentin mit eigenem Brennapparat sind voll steuerpflichtig. Wer keine eigene Brennerei besitzt, lässt seine Rohstoffe beim Lohnbrenner verarbeiten. Es handelt sich um Produzenten und Produzentinnen, die jährlich mehr als 100 Liter reinen Alkohol herstellen. Umgerechnet in Trinkgradstärke zu beispielsweise 40 % Vol. entspricht diese Menge 250 Litern Spirituosen. Genossenschaftliche und andere privatwirtschaftliche Unternehmungen

benötigen für die gewerbsmäßige Herstellung von Obstbränden eine Konzession. „Die Konzessionen sollen die rechtzeitige Verwertung der Abfälle und Rückstände des Obst-, Wein- und Zuckerrübenbaus und der Überschüsse des Obst- und Kartoffelbaues ermöglichen, soweit diese Rohstoffe nicht anders zweckmäßig verwendet werden können", präzisiert Artikel 5 des Alkoholgesetzes.
Die Spirituosenerzeugung schwankt von Jahr zu Jahr erheblich. Dafür verantwortlich sind vor allem die unterschiedlich großen Obsternten. Außerdem wird die Produktion von den Absatzmöglichkeiten der verschiedenen Spirituosensorten beeinflusst. Im Durchschnitt der letzten Jahre stellten diese Betriebe rund 25.000 hl 100 %-Spirituosen her.

Landwirte und Landwirtinnen

Wie bei vielen europäischen Brennrechten dürfen von Landwirten nur selbsterzeugte Rohstoffe verarbeitet werden.
Grundsätzlich genießen diese Produzenten für Spirituosen, die sie im landwirtschaftlichen Betrieb benötigen, Steuerfreiheit, es sei denn, dass sie aus einem bestimmten Grund im so genannten steuerfreien Eigenbedarf begrenzt sind. Für Spirituosen, die anderweitig als in Haus und Hof verbraucht werden, muss die entsprechende Steuer bezahlt werden. Erreichen diese Weitergaben eine Menge von 50 Litern (effektive Gradstärke), sind sie jeweils am Ende des betreffenden Monats der lokalen Brennereiaufsichtsstelle zur Steuerveranlagung anzumelden. Mengen von weniger als 50 Litern werden am Ende des Brennjahres anhand der Eintragungen auf der Brennkarte veranlagt. Die Steuerveranlagung erfolgt also weitgehend auf dem Prinzip der Selbstdeklaration.
Landwirte und Landwirtinnen können bis zu 100 Liter 100 %-Spirituosen herstellen bzw. herstellen lassen. Bei einer Jahresproduktion von über 100 Litern reinen Alkohol werden sie der gewerblichen Kontrolle unterstellt. Im Durchschnitt der letzten Jahre wurden rund 7000 hl reiner Alkohol hergestellt.

Kleinproduzenten und -produzentinnen

In diese Kategorie fallen alle nicht landwirtschaftlichen privaten Produzenten und Produzentinnen, die jährlich höchstens 100 Liter 100 %-Spirituosen herstellen. Sie sind voll steuerpflichtig. Das Gesetz sieht jedoch eine steuerliche Begünstigung für eine bestimmte Produktionsmenge vor, unter dem Vorbehalt, dass ausschließlich inländisches Eigengewächs oder selbstgesammeltes inländisches Wildgewächs verarbeitet werden.

Die Kosten je Liter reinem Alkohol betragen etwa 20 €.

Europäische Spirituosenverordnung

Verordnung 1576/89 EU

Im folgenden Abschnitt werden die wichtigsten Auszüge aus der „Spirituosenverordnung", die Obstbrände der einzelnen und unterschiedlichen Regionen regelt, dargestellt.

Artikel 1

(1) In dieser Verordnung werden allgemeine Regeln für die Begriffsbestimmung, Bezeichnung und Aufmachung von Spirituosen festgelegt.

(2) Für die Zwecke dieser Verordnung gilt als Spirituose die alkoholische Flüssigkeit, die

- zum menschlichen Verbrauch bestimmt ist,
- besondere organoleptische Eigenschaften und, abgesehen von den Erzeugnissen in Anhang III Nummer 1, einen Mindestalkoholgehalt von 15 % Vol. aufweist und wie folgt gewonnen wird:
- entweder unmittelbar durch Destillieren – mit oder ohne Zusatz von Aromastoffen – aus natürlichen vergorenen Erzeugnissen und/oder durch Einmaischen von pflanzlichen Stoffen und/oder durch Zusatz von Aromastoffen, Zucker oder sonstigen Süßstoffen gemäß Absatz 3 Buchstabe a) und/oder sonstigen landwirtschaftlichen Erzeugnissen in Äthylalkohol landwirtschaftlichen Ursprungs und/oder in Destillaten landwirtschaftlichen Ursprungs und/oder in Brand im Sinne dieser Verordnung
- oder durch Mischung einer Spirituose mit einer oder mehreren anderen Spirituosen,
- Äthylalkohol landwirtschaftlichen Ursprungs, Destillaten landwirtschaftlichen Ursprungs oder Brand,
- einem oder mehreren alkoholischen Getränken,
- einem oder mehreren Getränken.

(3) Allgemeine Begriffsbestimmungen.

Für die Zwecke dieser Verordnung gelten als

a) *Süßung:*
Verfahren, bei dem zur Herstellung von Spirituosen eines oder mehrere der folgenden Erzeugnisse verwendet werden:
Halbweißzucker, Weißzucker, raffinierter Weißzucker, Dextrose, Fruktose, Glukosesirup, flüssiger Zucker, flüssiger Invertzucker, Sirup von Invertzucker, rektifiziertes Traubenmostkonzentrat, konzentrierter Traubenmost, frischer Traubenmost, karamellisierter Zucker (burned sugar), Honig, Johannisbrotsirup sowie andere natürliche Zuckerstoffe, die eine ähnliche Wirkung wie die vorstehend genannten Erzeugnisse haben.
Karamellisierter Zucker ist das Erzeugnis, das ausschließlich durch kontrolliertes Erhitzen von Saccharose ohne Zusatz von Basen, Mineralsäuren oder anderen chemischen Zusatzstoffen gewonnen wird.

b) *Mischung:*
Verfahren, bei dem zwei oder mehr verschiedene Getränke zur Gewinnung eines neuen Getränks miteinander vermischt werden.

c) *Zusatz von Alkohol, Verschnitt:*
Verfahren, bei dem einer Spirituose Äthylalkohol landwirtschaftlichen Ursprungs zugesetzt wird.

d) *Zusammenstellung, Blend, Blending:*
Verfahren, bei dem zwei oder mehr Spirituosen ein und derselben Kategorie zusammengebracht werden, die in ihrer Zusammensetzung jedoch nur geringfügige Abweichungen aufweisen, wobei diese Abweichungen durch ein oder mehrere der folgenden Kriterien bedingt sind:
– Herstellungsverfahren,
– verwendete Destillationsgeräte,
– Reifungsdauer,
– Erzeugungsgebiet.
Das gewonnene Getränk gehört derselben Kategorie an wie die ursprünglichen Getränke vor dem Zusammenstellen.

e) *Reifung:*
Verfahren, bei dem in geeigneten Behältern Vorgänge natürlich ablaufen können, durch welche die betreffende Spirituose neue organoleptische Merkmale erhält.

f) Aromatisierung:
Verfahren, bei dem zur Herstellung von Spirituosen ein oder mehrere aromatisierende Stoffe im Sinne von Artikel 1 Absatz 2 Buchstabe a) der Richtlinie 88/388/EWG verwendet werden.

g) Färbung:
Verfahren, bei dem zur Herstellung von Spirituosen ein oder mehrere Farbstoffe verwendet werden.

h) Äthylalkohol landwirtschaftlichen Ursprungs:
Äthylalkohol, der die in Anhang I dieser Verordnung aufgeführten Merkmale aufweist und durch Destillation nach alkoholischer Gärung aus in Anhang II des Vertrages genannten landwirtschaftlichen Erzeugnissen hergestellt wird; ausgenommen sind die in Absatz 2 genannten Spirituosen. Wenn auf die verwendeten Ausgangsstoffe Bezug genommen wird, muss der Alkohol ausschließlich aus dem betreffenden Ausgangsstoff gewonnen werden.

i) Destillat landwirtschaftlichen Ursprungs:
Die alkoholische Flüssigkeit, die durch Destillation nach alkoholischer Gärung aus in Anhang II des Vertrages genannten landwirtschaftlichen Erzeugnissen hergestellt wird und weder die Merkmale des unter Buchstabe h) genannten Äthylalkohols noch diejenigen einer Spirituose aufweist, jedoch ein Aroma und einen Geschmack bewahrt hat, die von den verwendeten Ausgangsstoffen stammen. Wenn auf den verwendeten Ausgangsstoff Bezug genommen wird, muss das Destillat ausschließlich aus dem betreffenden Ausgangsstoff gewonnen werden.

j) Alkoholgehalt:
Das Verhältnis des in dem betreffenden Erzeugnis enthaltenen Volumens an reinem Alkohol bei einer Temperatur von 20 °C zum Gesamtvolumen dieses Erzeugnisses bei derselben Temperatur.

k) Gehalt an flüchtigen Bestandteilen:
Gehalt einer ausschließlich durch Destillieren hergestellten Spirituose an flüchtigen Bestandteilen außer Äthylalkohol und Methanol, und zwar ausschließlich aus der Destillation bzw. erneuten Destillation der verwendeten Ausgangsstoffe.

l) Herstellungsort:
Der Ort oder die Region, wo die Phase des Herstellungsprozesses des Fertigerzeugnisses stattgefunden hat, in der die Spirituose ihren Charakter und ihre wesentlichen endgültigen Eigenschaften erhalten hat.

m) Kategorie von Spirituosen:
Sämtliche Spirituosen, die ein und derselben Begriffsbestimmung entsprechen.

(4) Begriffsbestimmungen einzelner Arten von Spirituosen.

Für die Zwecke dieser Verordnung gelten als

a) Rum:

1. Die Spirituose, die ausschließlich durch alkoholische Gärung und Destillation von aus der Herstellung von Rohrzucker stammender Melasse oder Sirup oder aber von dem Saft des Zuckerrohrs selbst gewonnen und auf weniger als 96 % Vol. destilliert wird, so dass das Destillationserzeugnis in wahrnehmbarem Maße die besonderen organoleptischen Merkmale von Rum aufweist.
2. Die ausschließlich aus der alkoholischen Gärung und der Destillation von Saft aus Zuckerrohr gewonnene Spirituose, die die besonderen Aromamerkmale von Rum sowie einen Gehalt an flüchtigen Stoffen von mindestens 225 g/hl r. A. aufweist. Diese Spirituose darf mit der Bezeichnung „landwirtschaftlich" als Ergänzung der Bezeichnung „Rum" zusammen mit einer der geographischen Bezeichnungen der französischen überseeischen Departements gemäß Anhang II vermarktet werden.

b) Whisky oder Whiskey:

Die Spirituose, die durch Destillieren von Getreidemaische gewonnen wird,

- die durch die in ihr enthaltenen Malzamylasen mit oder ohne andere natürliche Enzyme verzuckert,
- mit Hefe vergoren,
- zu weniger als 94,8 % Vol. so destilliert worden ist, dass das Destillationserzeugnis Aroma und Geschmack der verwendeten Ausgangsstoffe aufweist,
- und die mindestens drei Jahre lang in Holzfässern mit einem Fassungsvermögen von 700 Litern oder weniger gereift ist.

c) Getreidespirituose:

1. Die Spirituose, die durch Destillieren aus vergorener Getreidemaische gewonnen wird und die organoleptischen Merkmale der Ausgangsstoffe aufweist. Die Bezeichnung „Getreidespirituose" kann für das in Deutschland sowie in den Gebieten der Gemeinschaft mit Deutsch als eine der Amtssprachen hergestellte Getränk durch die Bezeichnung „Korn" oder „Kornbrand" ersetzt werden, sofern dieses Getränk in diesen Regionen herkömmlicherweise hergestellt wird und wenn die Getreidespirituose ohne Zugabe von Zusatzstoffen dort wie folgt gewonnen wird:
   - entweder ausschließlich durch Destillieren von vergorener Maische aus dem vollen Korn von Weizen, Gerste, Hafer, Roggen oder Buchweizen mit allen seinen Bestandteilen

- oder durch erneutes Destillieren eines gemäß dem ersten Gedankenstrich gewonnenen Destillats.

2. Um die Bezeichnung „Getreidebrand" führen zu können, muss die Getreidespirituose durch Destillieren zu weniger als 95 % Vol. aus vergorener Getreidemaische gewonnen werden und die organoleptischen Merkmale der Ausgangsstoffe aufweisen.

d) Branntwein:

Die Spirituose,

- die ausschließlich durch Destillieren zu weniger als 86 % Vol. von Wein oder Brennwein oder durch erneutes Destillieren zu weniger als 86 % Vol. eines Weindestillats gewonnen wird;
- die einen Gehalt an flüchtigen Bestandteilen von 125 g/hl r. A. oder mehr und
- einen Höchstgehalt an Methanol von 200 g/hl r. A. aufweist.

Gereifter Branntwein kann weiterhin unter der Bezeichnung „Branntwein" vermarktet werden, wenn seine Reifezeit mindestens der Reifezeit für das in Buchstabe e) genannte Erzeugnis entspricht.

e) Brandy oder Weinbrand:

Die Spirituose,

- die aus Branntwein mit oder ohne Weindestillat, das zu weniger als 94,8 % Vol. destilliert ist, gewonnen wird, sofern dieses Destillat höchstens 50 % des Alkoholgehalts des Fertigerzeugnisses nicht übersteigt und
- die in Eichenholzbehältern mindestens ein Jahr oder aber mindestens sechs Monate, wenn das Fassungsvermögen der Eichenfässer unter 1 000 Litern liegt, gereift ist;
- die einen Gehalt an flüchtigen Bestandteilen von 125 g/hl r. A. oder mehr ausschließlich aus der Destillation bzw. der erneuten Destillation der verwendeten Ausgangsstoffe aufweist;
- einen Höchstgehalt an Methanol von 200 g/hl r. A. aufweist.

f) Tresterbrand oder Trester:

1. a) Die Spirituose,
   - die aus vergorenem und destilliertem Traubentrester – entweder unmittelbar durch Wasserdampf oder nach Zusatz von Wasser – gewonnen wird, dem in einem nach dem Verfahren des Artikels 15 zu bestimmenden Umfang Trub zugesetzt worden sein kann, wobei die Destillation unter Beigabe des Tresters zu weniger als 86 % Vol. vorgenommen wird; eine erneute Destillation auf denselben Alkoholgehalt ist zulässig;

– die einen Gehalt an flüchtigen Bestandteilen von 140 g/hl r. A. oder mehr und einen Höchstgehalt an Methanol von 1 000 g/hl r. A. aufweist.

b) Während der Übergangszeit, die für Portugal in der Beitrittsakte von 1985 vorgesehen ist, kann in Portugal jedoch Tresterbrand vermarktet werden, der dort erzeugt wurde und einen Höchstgehalt an Methanol von 1 500 g/hl r. A. aufweist.

2. Die Bezeichnung „Trester“ oder „Tresterbrand“ kann nur für die in Italien hergestellte Spirituose durch die Bezeichnung „Grappa“ ersetzt werden.

g) *Brand aus Obsttrester:*

Die Spirituose, die durch Gärung und Destillieren von Obsttrester gewonnen wird. Die Destillationsbedingungen, die Merkmale des Erzeugnisses und weitere Einzelheiten werden nach dem Verfahren des Artikels 15 festgelegt.

h) *Korinthenbrand oder Raisin Brandy:*

Die Spirituose, die durch Destillieren des durch alkoholische Gärung des Extraktes von getrockneten Beeren der Reben „Schwarze Korinth“ oder „Malaga Muskat“ gewonnenen Erzeugnisses hergestellt wird, das zu weniger als 94,5 % Vol. so destilliert wird, dass das Destillat das Aroma und den Geschmack der verwendeten Ausgangsstoffe behält.

i) *Obstbrand:*

1. a) Die Spirituose,
   - die ausschließlich durch alkoholische Gärung und Destillieren einer frischen fleischigen Frucht oder des frischen Mosts dieser Frucht – mit oder ohne Steine – gewonnen wird,
   - die zu weniger als 86 % Vol. so destilliert wird, dass das Destillat das Aroma und den Geschmack der verwendeten Frucht behält,
   - die einen Gehalt an flüchtigen Bestandteilen von 200 g/hl r. A. oder mehr aufweist,
   - die einen Höchstgehalt an Methanol von 1 000 g/hl r. A. aufweist und
   - deren Blausäuregehalt bei Steinobstbrand 10 g/hl r. A. nicht überschreiten darf.

b) Ausnahmen von den Bestimmungen des Buchstabens a) dritter, vierter und fünfter Gedankenstrich können nach dem Verfahren des Artikels 15 beschlossen werden, insbesondere für die herkömmlichen Erzeugnisse, deren Herstellung und Verkauf einen wesentlichen Bestandteil des Einkommens bestimmter Obsterzeuger der Gemeinschaft ausmachen.

c) Die so definierte Spirituose wird unter Voranstellung des Namens der verwendeten Frucht als „-brand“ bezeichnet: Kirschbrand oder Kirsch, Pflaumenbrand oder Slibowitz, Mirabellenbrand, Pfirsichbrand, Apfelbrand, Birnenbrand, Aprikosenbrand, Feigenbrand, Brand aus Zitrusfrüchten, Brand aus Weintrauben oder Brand aus sonstigen Früchten. Sie kann auch unter Voranstellung des Namens der verwendeten Frucht als „-wasser" bezeichnet werden.

Der Ausdruck Williams ist Birnenbrand vorbehalten, der ausschließlich aus Birnen der Sorte „Williams" gewonnen wird.

Werden die Maischen zweier oder mehrerer Obstarten zusammen destilliert, so wird das Erzeugnis als „Obstbrand" bezeichnet. Ergänzend können die einzelnen Arten in absteigender Reihenfolge der verwendeten Mengen angeführt werden.

d) Die Fälle, in denen die Bezeichnung der Frucht an die Stelle der Bezeichnung „-brand" unter Voranstellung des Namens der betreffenden Frucht treten kann, und die Voraussetzungen, unter denen dies geschehen kann, werden nach dem Verfahren des Artikels 15 festgelegt.

2. Als „-brand" unter Voranstellung des Namens der verwendeten Frucht können ferner Spirituosen bezeichnet werden, die durch Einmaischen bestimmter Beeren und sonstiger Früchte wie z. B. Himbeeren, Brombeeren, Heidelbeeren und anderen, die teilweise vergoren oder nichtvergoren sind, in Äthylalkohol landwirtschaftlichen Ursprungs oder in Brand oder in einem Destillat entsprechend den Definitionen in dieser Verordnung und anschließendes Destillieren bei einer Mindestmenge von 100 kg Früchten auf 20 l r. A. gewonnen werden.

   Um eine Verwechslung mit den Obstbränden nach Nummer 1 zu vermeiden, werden die Bedingungen für die Verwendung der Bezeichnung „-brand" unter Voranstellung des Namens der verwendeten Frucht sowie die betreffenden Früchte nach dem Verfahren des Artikels 15 festgelegt.

3. Die durch Einmaischen ganzer, nicht vergorener Früchte im Sinne der Nummer 2 in Äthylalkohol landwirtschaftlichen Ursprungs und durch anschließendes Destillieren gewonnenen Getränke können als „-geist" unter Voranstellung des Namens der verwendeten Frucht bezeichnet werden.

j) *Brand aus Apfel- oder Birnenwein:*

Die Spirituose,

- die durch ausschließliches Destillieren von Apfel- oder Birnenwein hergestellt wird und
- die den unter Buchstabe i) Nummer 1 Buchstabe a) zweiter, dritter und vierter Gedankenstrich genannten Anforderungen für Obstbrand entspricht.

k) *Enzian:*
Die aus einem Enziandestillat hergestellte Spirituose, die durch Gärung von Enzianwurzeln mit oder ohne Zusatz von Äthylalkohol landwirtschaftlichen Ursprungs gewonnen wird.

l) *Obstspirituose:*
1. Die Spirituose, die durch Einmaischen einer Frucht in Äthylalkohol landwirtschaftlichen Ursprungs und/oder in Destillaten landwirtschaftlichen Ursprungs und/oder in Brand entsprechend den Definitionen in dieser Verordnung in einem gemäß dem Verfahren nach Artikel 15 zu bestimmenden Mindestverhältnis gewonnen wird.
Zur Aromatisierung können dieser Spirituose Aromastoffe und/oder Aromaextrakte zugesetzt werden, die nicht von der verarbeiteten Frucht herrühren. Diese Aromastoffe und Aromaextrakte sind in Artikel 1 Absatz 2 Buchstabe b) Ziffer i) bzw. Buchstabe c) der Richtlinie 88/388/EWG definiert. Jedoch muss der charakteristische Geschmack des Getränks sowie dessen Färbung ausschließlich von der verarbeiteten Frucht stammen.
2. Das so definierte Getränk wird als „Spirituose" unter Voranstellung des Namens der verwendeten Frucht bezeichnet. Gemäß dem Verfahren des Artikels 15 wird bestimmt, in welchen Fällen und unter welchen Bedingungen diese Bezeichnung durch den Namen der Frucht ersetzt werden kann.
Als Pacharán kann jedoch nur die Obstspirituose bezeichnet werden, die in Spanien durch Einmaischen von Schlehen (Prunus espinosa) mit einer Fruchtmindestmenge von 250 g je Liter reinen Alkohols gewonnen wird.

m) *Spirituose mit Wacholder:*
1. a) Die Spirituose, die durch Aromatisieren von Äthylalkohol landwirtschaftlichen Ursprungs und/oder Getreidebrand und/oder Getreidedestillat mit Wacholderbeeren (Juniperus communis) gewonnen wird.
Andere natürliche Aromastoffe und/oder naturidentische Aromastoffe nach Artikel 1 Absatz 2 Buchstabe b) Ziffern i) und ii) der Richtlinie 88/388/EWG und/oder Aromextrakte nach Artikel 1 Absatz 2 Buchstabe c) derselben Richtlinie und/oder Duftstoffpflanzen oder Teile davon können zusätzlich verwendet werden, wobei die organoleptischen Merkmale der Wacholderbeeren wahrnehmbar bleiben müssen, wenn auch zuweilen in abgeschwächter Form.
b) Das Getränk trägt eine der folgenden Bezeichnungen: Wacholder, Ginebra oder Genebra. Über die Verwendung dieser Bezeichnungen ist nach dem Verfahren des Artikels 15 zu entscheiden.

c) Der für die als Genièvre, Jenever, Genever und Peket bezeichneten Spirituosen verwendete Alkohol muss die entsprechenden organoleptischen Eigenschaften für die Herstellung der genannten Erzeugnisse aufweisen und darf einen Methanolgehalt von höchstens 5 g/hl r. A. und einen Gehalt an Aldehyden, ausgedrückt in Azetaldehyd, von höchstens 0,2 g/hl r. A. haben. Der Wacholderbeerengeschmack muss bei diesen Erzeugnissen nicht wahrnehmbar sein.

2. a) Das Getränk kann als Gin bezeichnet werden, wenn es durch Aromatisieren von Äthylalkohol landwirtschaftlichen Ursprungs, der die entsprechenden organoleptischen Merkmale aufweist, mit natürlichen Aromastoffen und/oder naturidentischen Aromastoffen nach Artikel 1 Absatz 2 Buchstabe b) Ziffern i) und ii) der Richtlinie 88/388/EWG und/oder Aromaextrakten nach Artikel 1 Absatz 2 Buchstabe c) derselben Richtlinie gewonnen wird, wobei der Wacholderbeergeschmack vorherrschend bleiben muss.

b) Das Getränk kann auch als „destillierter Gin" bezeichnet werden, wenn es ausschließlich durch die erneute Destillation von Äthylalkohol landwirtschaftlichen Ursprungs von angemessener Qualität mit den gewünschten organoleptischen Merkmalen und einem ursprünglichen Alkoholgehalt von mindestens 96 % Vol. in Destillierapparaten, die herkömmlicherweise für Gin verwendet werden, unter Zusetzen von Wacholderbeeren und anderen natürlichen pflanzlichen Stoffen hergestellt wird, wobei der Wacholdergeschmack vorherrschend bleiben muss. Die Bezeichnung „destillierter Gin" darf auch für eine Mischung der Erzeugnisse dieser Destillation mit Äthylalkohol landwirtschaftlichen Ursprungs von gleicher Zusammensetzung und Reinheit und gleichem Alkoholgehalt verwendet werden. Zur Aromatisierung von destilliertem Gin können zusätzlich auch natürliche und/oder naturidentische Aromastoffe und/oder Aromaextrakte nach Buchstabe a) verwendet werden. London Gin gehört zur Getränkeart destillierter Gin.

Gin, der durch einen einfachen Zusatz von Essenzen oder Aromastoffen zu Äthylalkohol landwirtschaftlichen Ursprungs gewonnen wird, darf nicht die Bezeichnung destillierter Gin tragen.

n) „Kümmel" oder „Spirituosen mit Kümmel":

1. Die Spirituose, die durch Aromatisieren von Äthylalkohol landwirtschaftlichen Ursprungs mit Kümmel (Carum carvi L.) gewonnen wird.
Andere natürliche und/oder naturidentische Aromastoffe nach Artikel 1 Absatz 2 Buchstabe b) Ziffern i) und ii) der Richtlinie 88/388/EWG und/

oder Aromaextrakte nach Artikel 1 Absatz 2 Buchstabe c) derselben Richtlinie können zusätzlich verwendet werden, der Kümmelgeschmack muss aber vorherrschend bleiben.

2. a) Für die Spirituose im Sinne von Nummer 1 ist auch die Bezeichnung Akvavit oder Aquavit zulässig, wenn die Aromatisierung mit einem Kräuterdestillat oder Gewürzdestillat vorgenommen wurde.
   Andere Aromastoffe gemäß Nummer 1 Unterabsatz 2 können zusätzlich verwendet werden, aber ein wesentlicher Teil des Aromas muss aus der Destillation von Kümmelsamen und/oder Dillsamen (Anethum graveolens L.) stammen, wobei der Zusatz ätherischer Öle unzulässig ist.
   b) Der Geschmack von Bitterstoffen darf nicht dominierend sein. Der Extraktgehalt darf nicht mehr als 1,5 g/100 ml betragen.

o) *Spirituose mit Anis:*

1. Die Spirituose, die durch Aromatisieren von Äthylalkohol landwirtschaftlichen Ursprungs mit natürlichen Extrakten von Sternanis (Illicium verum), Anis (Pimpinella anisum), Fenchel (Föniculum vulgare) oder anderen Pflanzen, die im Wesentlichen das gleiche Aroma aufweisen, nach einem der folgenden Verfahren hergestellt wird:
   - Einmaischen und/oder Destillation,
   - erneute Destillation des Alkohols unter Zusatz von Samen oder anderen Teilen der vorgenannten Pflanzen,
   - Beigabe von natürlichen destillierten Extrakten von Anispflanzen,
   - Kombination der drei vorgenannten Methoden.

   Andere natürliche Pflanzenextrakte oder würzende Samen können ergänzend verwendet werden, jedoch muss der Anisgeschmack vorherrschend bleiben.
2. Eine Spirituose mit Anis darf Pastis genannt werden, wenn sie außerdem natürliche Extrakte aus Süßholz (Glycyrrhiza glabra) und damit auch sogenannte „Chalkone“ (Farbstoffe) sowie Glycyrrhizinsäure enthält; der Glycyrrhizinsäuregehalt muss mindestens 0,05 Gramm pro Liter betragen und darf 0,5 Gramm pro Liter nicht übersteigen.
   Pastis hat einen Zuckergehalt von weniger als 100 Gramm pro Liter und einen Anetholgehalt von mindestens 1,5 Gramm und höchstens 2 Gramm pro Liter.
3. Eine Spirituose mit Anis darf als Ouzo bezeichnet werden, wenn sie
   - ausschließlich in Griechenland hergestellt wird;
   - durch Zusammenstellung von Alkoholen gewonnen wird, die durch Destillation oder Einmaischen unter Zusatz von Anis- und/gegebenen-

falls Fenchelsamen, des Mastix eines auf der Insel Chios beheimateten Mastixbaums (Pistacia lentiscus Chia oder latifolia) und von anderen würzenden Samen, Pflanzen und Früchten aromatisiert werden, wobei der durch Destillation aromatisierte Alkohol mindestens 20 % des Alkoholgehalts des Ouzo ausmachen muss.

Dieses Destillat muss

- durch Destillation in herkömmlichen, nichtkontinuierlich arbeitenden Destillationsgeräten aus Kupfer mit einem Fassungsvermögen von 1 000 Litern oder weniger gewonnen werden;
- einen Alkoholgehalt von mindestens 55 % Vol. und höchstens 80 % Vol. aufweisen.

Ouzo muss farblos sein und darf einen Zuckergehalt von bis zu 50 Gramm pro Liter haben.

4. Eine Spirituose mit Anis darf als Anis bezeichnet werden, wenn ihr charakteristisches Aroma ausschließlich von Anis (Pimpinella anisum) und/oder Sternanis (Illicium verum) und/oder Fenchel (Foeniculum vulgare) herrührt. Das Getränk darf die Bezeichnung „destillierter Anis" tragen, wenn sein Alkoholgehalt zu mindestens 20 % aus Alkohol besteht, der unter Beigabe der genannten Samen destilliert wurde.

p) *Spirituose mit bitterem Geschmack oder Bitter:*

Die Spirituose mit vorherrschend bitterem Geschmack, die durch Aromatisieren von Äthylalkohol landwirtschaftlichen Ursprungs mit natürlichen und/oder naturidentischen Aromastoffen nach Artikel 1 Absatz 2 Buchstabe b) Ziffern i) und ii) der Richtlinie 88/388/EWG und/oder Aromaextrakten nach Artikel 1 Absatz 2 Buchstabe c) derselben Richtlinie gewonnen wurde.

Diese Spirituose darf auch unter der Bezeichnung Bitter allein oder in Verbindung mit einem anderen Begriff vermarktet werden.

Die Möglichkeit, den Begriff Bitter auch für nicht in vorliegendem Artikel genannte Erzeugnisse zu verwenden, bleibt unberührt.

q) *Wodka:*

Die Spirituose, die aus Äthylalkohol landwirtschaftlichen Ursprungs entweder durch Rektifikation oder durch Filtrieren über Aktivkohle – gegebenenfalls mit anschließender einfacher Destillation – oder eine gleichwertige Behandlung gewonnen wird, welche die organoleptischen Merkmale der verwendeten Ausgangsstoffe selektiv abschwächt. Durch Zusatz von Aromastoffen können dem Erzeugnis besondere organoleptische Eigenschaften, insbesondere ein weicher Geschmack, verliehen werden.

Pumpen für den Maischetransport

Zur Arbeitserleichterung im Kellereibetrieb tragen besonders Pumpen bei. Nicht alle Pumpen sind jedoch für den Transport von breiigen Maischen, die noch Obststücke enthalten, gleich gut geeignet. Als Idealgeräte für diese Aufgabe sind sicherlich die Exzenterschneckenpumpen zu nennen, bei denen ein gleichbleibender Förderstrom in axialer Richtung parallel zu dem umlaufenden Verdränger von der Saug- zur Druckseite erfolgt.

Mit diesen Pumpen kann man alle feststoffreichen Maischen pumpen. Bei einem größeren Durchmesser des Stator ist es sogar möglich Steinobstmaischen mit Ausnahme von Marillen und Pfirsichmaischen zu pumpen. Dabei ist es besonders wichtig, dass diese Pumpe nicht trocken läuft, denn die Reibung des Rotors am Stator führt innerhalb kürzester Zeit zum Ausfall des Stators, der dann kostspielig ersetzt werden muss.

Als zweite mögliche Pumpenart in der Brennerei sind Impellerpumpen zu nennen, bei denen das Gut mit einem kreisförmigen Impeller transportiert wird. Diese Pumpenart kann auch kleinere Steine pumpen. Der Impeller wird dadurch nur etwas mehr angegriffen, wodurch er bei größeren Betrieben nach jeder Saison ersetzt werden muss.

Die Stundenleistungen variieren bei beiden Geräten zwischen 1.000 oder einigen tausend bis ungefähr 40.000 Liter pro Stunde, was von der Gerätegröße abhängig ist.

PRAXISTIPP:

Eine deutliche Vereinfachung auch ohne Pumpe kann mit Seilzug erreicht werden.

Behandlungsschritte der Maische vor der Gärung

Um ein sauberes und reines Produkt zu erhalten, ist die Maische vor der Gärung so zu behandeln, dass die Hefe optimale Bedingungen vorfindet und während der Gärung möglichst wenig Gärungsnebenprodukte gebildet werden.

Gärungsnebenprodukte sind alle höhersiedenden Alkohole, aber auch alle niedrigen Alkohole. Beide führen zu unsauberen Produkten, die qualitativ nicht dem Stand der Dinge entsprechen.

Um nun der Hefe ideale Bedingungen zu bieten und der Maische den größtmöglichen Schutz angedeihen zu lassen, sind verschiedene Tätigkeiten durchzuführen.

Diese Tätigkeiten können durchgeführt werden, sind allerdings nicht bei jeder Maischeart unbedingt notwendig.

Der erfahrene Brenner wählt aus den Möglichkeiten die für ihn beste. Wer sich noch in der Anfangsphase befindet, sollte aus Sicherheitsgründen immer alle Schritte durchführen, um eine qualitativ hochwertige Maische zu erhalten.

Zugabe von Reinzuchthefe

Um eine Maische optimal und möglichst sauber, das heißt ohne Gärungsnebenprodukte, zu vergären, ist die Zugabe von Reinzuchthefe unerlässlich. Nachdem in jeder Maische nur eine gewisse Menge an Zucker vorhanden ist, ist es notwendig, diesen Teil so gut als möglich zu nutzen, um daraus möglichst große Mengen an Ethanol zu gewinnen.
Gleichzeitig schaltet ein früherer Gärbeginn viele sauerstoffliebende Bakterien durch die Bildung von CO_2 aus, was von Anfang an Gärfehler vermeiden hilft.

Zur Vergärung sind Kaltgärhefen gut geeignet. Einzelne Firmen bieten aber auch spezielle Hefen für die Brandproduktion an, die sich durch besonders niedrige Methanolgehalte und Gärungsnebenprodukte auszeichnen. Viele dieser Spezialhefen, vor allem Aromahefen sind jedoch so angelegt, dass sie sehr langsam gären. Aus eigenen Erfahrungen konnte immer wieder festgestellt werden, dass einfache Hefen und eine gekühlte Gärung besser geeignet sind als die besten Aromahefen. Vor allem Hefearten, die viele Glycerine bilden, sollten vom Brenner nicht verwendet werden. Was bei der Weinproduktion Fülle und Körper bedeutet, führt im Edelbrand zu einer größeren Menge an Nachlauf. Die Auswahl der richtigen Hefe ist oftmals auch eine Erfahrung des Betriebsführers und richtet sich nach dem gewünschten Aroma im fertigen Brand.

Der Gutteil der branntweinproduzierenden Betriebe arbeitet zurzeit mit Trockenhefen, da diese den Vorteil haben, bei Nichtverwendung in der Tiefkühltruhe lagerfähig zu sein. Flüssighefen werden nur noch selten angewandt, da sie nur sehr schlecht lagerfähig und vor allem oftmals nicht mehr wirksam sind, wenn sie in den Verkauf gelangen.

Gewöhnlich genügen Mengen zwischen 8 und 15 g pro 100 Liter Maische. Nur bei schwer zu vergärenden Obstarten oder kälteren Einmaischtemperaturen ist diese Menge zu erhöhen. Dies kann bis zum Dreifachen des Normalwertes gehen.

Die Trockenhefen werden in lauwarmem Wasser vorgequollen und können dann direkt über die Maische gegeben werden. Neue Hefestämme können auch direkt über die Maische gestreut werden, wobei das Vorquellen in lauwarmem Wasser einen eindeutig schnelleren Gärbeginn mit sich bringt.

Die Zugabe von Hefenahrung

Bei schwierigen Gärbedingungen und kälteren Temperaturen ist eine Zugabe von Hefenahrung, die in die Maische Phosphor und Stickstoff einbringt, damit sich die Hefe schneller vermehren kann, unbedingt notwendig. Vor allem in trockenen Jahren, in denen die Pflanzen wenig Nährstoffe aufnehmen konnten, hat sich der Zusatz von Hefenährsalz als sehr wertvoll erwiesen.
Hefenährsalze, die zumeist aus Ammoniumsulfat oder Di-Ammoniumhydrogenphosphat bestehen und teilweise noch mit Vitaminen und Heferindenextrakten versetzt sind, werden üblicherweise nur als Hilfsstoff eingesetzt. Der gesetzliche

Höchstwert der Zugabe beträgt 30 g pro 100 Liter Maische, wobei vielfach Mengen zwischen 10 und 20 g pro 100 Liter Maische genügen.

Ein weiterer Zusatz von Hefenahrung ist Vitamin B_1 (Thiamin), welches die Hefe in ihrem Lebenszyklus benötigt. Der Höchstwert der Zugabe beträgt hier 1 g/hl.

Beide Maßnahmen sind nur bei schwierigen Maischen und kälteren Gärtemperaturen notwendig, oder dann, wenn man auf Nummer sicher gehen möchte, um jeden möglichen Fehler von vornherein auszuschalten.

PRAXISTIPP:

Eigene Erfahrungen zeigten, dass Hefenahrung nur dann notwendig ist, wenn die Maische während der Gärung stecken bleibt oder nicht zu gären beginnt. Die besten Erfolge konnten bei Schlehen, Speierling und Holunder beobachtet werden.

Zugabe von Enzymen

Obst- und Getreidemaischen sind in der Regel sehr dickflüssig und daher nur sehr schwer handhabbar. Eine zu dicke Maische ist schwer zu pumpen und zu rühren und führt vielfach zu unvergorenen Nestern, welche die Ausbeute verringern. Gleichzeitig werden bei dickflüssigen Maischen und Maischen mit großen Fruchtstücken nicht alle Zuckerteile erfasst, was die Ausbeute ebenfalls in kleinsten Bereichen verringert.

All diese Gründe machen die Verwendung von Enzymen unumgänglich. Diese Enzyme spalten je nach Enzymart die Kittsubstanz (Pektine) der Früchte oder noch verbliebene Stärke. Pektinspaltende Enzyme führen zu einer Verflüssigung der Maische. Enzyme, die Stärke spalten (Amylasen), erhöhen die Ausbeute und verhindern auch das Anlegen der Maische im Brenngerät. Damit sind verschiedene Vorteile verbunden. Dies erleichtert einerseits das Rühren der Maischen, da diese flüssiger werden, andererseits die Verteilung der Maischezusätze im Behälter.

Beim Brennen ist die Umwälzung von dünnflüssigen Maischen ebenfalls besser, wodurch sich auch geringe Ausbeutevorteile gegenüber Maischen ohne Enzymzusatz ergeben.

Die Dosierung der Enzyme ist abhängig von

- der Konsistenz des Rohmaterials
- der Temperatur
- dem Vorhandensein von Inhaltsstoffen, die gespalten werden sollen
- der Wirksamkeit des Enzyms

Harte Früchte erfordern einen höheren Enzymaufwand als weiche Früchte, da bei diesen das Pektin auf natürlichem Wege schon weiter verringert ist.
Enzyme sind in ihrer Wirksamkeit temperaturabhängig. Ihr Optimum liegt im Bereich von 25 bis 45 °C – daher ergibt sich: Je kälter die Maische ist, desto mehr Enzym ist notwendig, um einen guten Maischeaufschluss zu erhalten. Enzyme verlieren bei Temperaturen um 12 °C fast vollständig ihre Wirksamkeit, was bei der Gärung und der Gärtemperatur zu beachten ist.

Die einzelnen Enzyme sind unterschiedlich wirksam, da viele Enzyme nur für einen kurzen Aufschluss etwa bei der Weinbereitung gedacht sind. In der Brennerei sind hochkonzentrierte Enzyme notwendig, die einen sehr guten und sauberen Aufschluss gewährleisten, unter einer Minimierung der Methanolbildung, denn auch darauf ist zu achten. Einzelne Enzyme spalten Pektin unter einer erhöhten Bildung von Methanol. Aus diesem Grund sollten stark enzymierte Maischen, vor allem aus pektinreichen Früchten wie Johannisbeere oder Quitten, in die abgehende Gärung destilliert werden. Damit lässt sich der hohe Anteil an Methanol im fertigen Brand stark reduzieren.

Bei der Spaltung von Stärke in Zucker ist eine Enzymierung in der Heißphase unbedingt notwendig. Damit kann die Aromaausbeute bei mehligen Stoffen deutlich verbessert werden.

Enzyme werden in flüssiger und fester Form angeboten, wobei die flüssige Form schlechter haltbar ist als die feste Form. Gewöhnlich sind Enzyme mindestens ein Jahr ohne Bedenken gekühlt lagerfähig. Vor der Verwendung ist jedoch eine Kontrolle auf Schimmelbildung an der Oberfläche durchzuführen. Schimmelige Enzymlösungen sollen nicht mehr verwendet werden.

Unter normalen Gärbedingungen sind Enzymmengen zwischen 5 und 10 ml pro 100 Liter Maische von konzentrierten Enzymlösungen notwendig. Weniger konzentrierte Enzymlösungen werden stärker angewandt (30–40 ml/hl). Bei festen Enzymen sind diese Werte zumeist nur in g/l umzurechnen oder direkt auf der Packung nachzulesen.

PRAXISTIPP:

Maischen, die mit Enzymen behandelt wurden, sind nicht nur flüssiger, sondern bringen meist auch mehr Aroma in den fertigen Brand mit. Auch noch leicht stärkehaltige Rohstoffe können sehr gut mit stärkespaltenden Enzymen behandelt werden.

Die Zugabe von Säure

Fruchtmaischen stellen mit ihrem Gehalt an Zuckern, Aminosäuren und Mineralstoffen für viele Bakterien einen idealen Nährboden dar. Viele dieser Mikroorganismen sind als Gärschädlinge zu betrachten und können die Maische vollständig zerstören.

Bakterien benötigen zu ihrem Überleben einen pH-Wert, der größer als 3,5 ist. Senken wir nun den pH-Wert unserer Maische unter diesen Wert, so sind die meisten gärschädlichen Bakterien in ihrer Entwicklung gehemmt.
Aus diesem Grund ist eine Säurezugabe bei den meisten Maischen notwendig, da nur einige wenige Maischen einen natürlichen pH-Wert von 3,5 aufweisen.

PRAXISTIPP:

Die besten Erfolge werden bei einem pH-Wert von 3,3 erzielt. Zur Kontrolle des pH-Wertes kann entweder ein pH-Meter verwendet werden oder einfache Teststreifen. Sie sind im Zubehörbereich für Brennereien und bei einschlägigen Handelsfirmen erhältlich.

Möglichkeiten der Ansäuerung

Für die Ansäuerung kann man verschiedene organische und anorganische Säuren verwenden. Je nach Bedarf, Dauer und geplantem Abbrennzeitpunkt kann die Art der verwendeten Säure variieren. Organische Säuren sind in der fertigen Maische nicht so lagerfähig wie anorganische. Daher sind Säuren, die mit Zitronensäure oder Milchsäure angesäuert wurden, eher gegen Ende der Gärung zu destillieren.

Zitronensäure

Eine Ansäuerung mit Zitronensäure ist vielleicht die natürlichste Art der Ansäuerung, die sich dem Konsumenten gegenüber am leichtesten erklären lässt.
Gewöhnlich genügen Mengen zwischen 3 und 7 g/Liter Maische.
Zitronensäure hat in ihrer Anwendung allerdings den großen Nachteil, dass sie nicht längere Zeit lagerfähig ist. Das heißt, sie ist bakteriell abbaubar. Diese abgebaute Zitronensäure zerfällt in Azetaldehyd und Aceton, die im fertigen Destillat durch einen stechenden Geruch nach Essigsäure auffallen.
Zitronensäure sollte man nur verwenden, wenn die Maische sofort nach der Gärung abdestilliert werden kann.

Phosphorsäure, Milchsäure und Mischungen derselben

Phosphorsäure und Milchsäure sind getrennt anwendbar. Allerdings haben sich in den letzten Jahren Mischungen derselben als sehr gut erwiesen. Beide Säuren sind Lebensmittelsäuren, die in der fertigen Maische sehr stabil sind. Mit diesen Säuren angesäuerte Maischen sind auch längere Zeit lagerfähig, ohne dass sie von Bakterien angegriffen werden.
Gewöhnlich genügen Mengen zwischen ein und zwei Litern pro 100 Liter Maische. Diese Säuren werden flüssig und granuliert angeboten, wobei bei der granulierten Form 100 bis 300 g pro 100 Liter Maische verwendet werden. Die granulierte Form weist allerdings zurzeit durch den etwas geringeren Milchsäureanteil eine schlechtere Wirksamkeit auf.

PRAXISTIPP:

Sollte die Maische nach der Gärung noch einige Zeit gelagert werden, so kann mit einem einfachen Zerstäuber, wie er auch für Blumen verwendet wird, die Oberfläche der Maische eingesprüht werden. Damit wird der pH-Wert an der Oberfläche so stark gesenkt, dass ein längerer Schutz gegeben ist.

Schwefelsäure

Schwefelsäure zur Herabsetzung des pH-Wertes ist zurzeit sicherlich die billigste und wahrscheinlich auch die gefährlichste Variante. Dabei wird mit konzentrierter Schwefelsäure gearbeitet, wobei 100 g pro 100 Liter Maische zumeist genügen, um den erwünschten pH-Wert zu erreichen. Schwefelsäure hat allerdings den Nachteil, dass die Arbeit mit ihr sehr gefährlich ist. Im bäuerlichen und Hobbybereich ist daher die Verwendung nicht zu empfehlen.

Die Vergärung von Maische

Der Gärverlauf gliedert sich hier wieder wie bei allen anderen gärenden Produkten in drei Phasen:

- Vorgärung
- Hauptgärung
- Nachgärung

Alle drei Gärphasen sind in den meisten Maischen sehr deutlich zu erkennen und zu sehen.

Vorgärung

Die Vorgärung ist die wichtigste Phase in der Gärzeit von Maischen, da hier die meisten Fehler auftreten können. In dieser Zeit ist die Maische zwar schon durch die Säure geschützt, es fehlt aber noch der Schutz durch die Kohlensäure. Gleichzeitig arbeiten hier bei etwas kühleren Temperaturen schon die Schimmelpilze, die dann im fertigen Produkt sehr leicht zu erkennen sind. Daneben ist eine lange Vorgärzeit oder eine lange Zeit bis zum Gärbeginn wegen Aromaeinbußen für das Endprodukt als nachteilig anzusehen. Diese sind überwiegend auf die Oxidation der Maische und der damit einhergehenden Aromaoxidation zurückzuführen.

Die Vorgärzeit ist durch eine ideale Gärtemperatur und einer für die Hefe ausreichenden Nährstoffversorgung zu verkürzen. Damit sind auch reinere Produkte zu erhalten, da die Zeit der Tätigkeit von Gärschädlingen beträchtlich verkürzt wird.

Um in der Maische eine gleichmäßige Verteilung der Hefe zu erzielen, sollte die Maische in dieser Phase ihres Gärverlaufes beinahe täglich gerührt werden, um die Bildung von Bakterien, die sich an der Oberfläche sammeln, zu verhindern. Durch das Rühren entweicht die geringe Menge bereits entwickelter Kohlensäure an die Oberfläche und führt zu einem Kohlensäureschutz an der Maischeoberfläche. Dies verhindert dann die Oberflächenoxidation.

Hauptgärung

Dieser Abschnitt wird als stürmische Gärung bezeichnet. Er ist erkennbar durch eine sehr starke Kohlendioxidentwicklung und der täglichen Bildung eines Tresterhutes. Dieser ist zu Beginn der Hauptgärung täglich unterzustoßen, um Kavernenbildung vorzubeugen und um die trockenen Teile mit Flüssigkeit zu versorgen, da sonst die Hefetätigkeit in diesem Bereich aufhört.

Während der intensiven Hauptgärung sollte die Maische allerdings nicht gerührt werden, um Aromaverluste zu verhindern, denn durch das plötzliche Entweichen der Kohlensäure werden Aromastoffe mitgerissen, die dann im späteren Destillat nicht mehr zu finden sind.

Die Hauptgärung sollte nicht zu schnell verlaufen, da sich in dieser Zeit sehr viele wichtige Aromastoffe bilden. Deshalb sollten auch während der Hauptgärung Temperaturen von 20 °C nicht überschritten werden. Bei Williamsmaischen liegt die Höchsttemperatur nur bei 17 °C.

Nachgärung oder abklingende Gärung

Wenn der größte Teil des Zuckers vergoren ist, wird die Gärtätigkeit immer geringer und die Kohlendioxidentwicklung verlangsamt sich sehr stark. Ob der Zucker nun vollständig vergoren ist, ist nur durch analytische Bestimmungen erkennbar. Der Restzuckergehalt kann nun mit dem Clinitest bestimmt werden. Es dürfen höchstens noch 2 g/l Zucker vorhanden sein.

Vielfach hilft hier auch die visuelle Kontrolle der Maische. Wenn die Oberfläche flüssig wird, die Feststoffe nach unten absinken, dann kann zumeist davon ausgegangen werden, dass die Maische fertig vergoren ist.

PRAXISTIPP:

Der Clinitest als einfache Form der Zuckerbestimmung eignet sich für alle hellen Maischen. Bei sehr roten und dunklen Maischen ist das Ergebnis erst nach dem Entfärben genau. Dabei werden einige Tropfen der Maischeflüssigkeit mit einigen Tropfen Wasser versetzt, dann wird eine Clinitest-Tablette zugegeben. Das Glasröhrchen wird an der Oberseite gehalten und nach etwa einer Minute kann die Farbe der Flüssigkeit mit einer Farbtabelle verglichen und der Restzuckergehalt abgelesen werden.

Möglichkeiten der Gärsteuerung

Eine Steuerung der Gärung ist in vielen Fällen nur bedingt möglich. Durch die Erfahrungen der letzten Jahre konnte beobachtet werden, dass eine gleichbleibende Gärtemperatur, die entsprechend geregelt wird, zu einem optimalen Ergebnis führt. Nachdem nur eine Erwärmung oder Kühlung der Maische möglich ist, kann zumeist nur wenig Einfluss auf die Maische genommen werden. Der erfahrene Brenner arbeitet daher in einem Raum, in dem er die Temperatur konstant halten und den einzelnen Maischen entsprechend anpassen kann.

Erwärmung

Eine Erwärmung ist besonders bei schwierig zu vergärenden Maischen und bei kühlen Temperaturen unumgänglich, um einen sofortigen Gärbeginn zu erreichen und somit Gärschwierigkeiten und möglichen Gärfehlern vorzubeugen.
Die Erwärmung der Maische kann mit den verschiedensten Methoden erfolgen, wobei hier nur die wichtigsten erwähnt werden sollen.

Vergärung in einem beheizten Raum

Diese Variante ist sicherlich die zielführendste aller Erwärmungsmethoden, da mittels Thermostat eine entsprechend gleichbleibende Temperatur im Raum erzielt werden kann. Die ideale Raumtemperatur für zu kalte Maischen und für die Gärung liegt bei etwa 18 bis 20 °C.

Reinigung der Ware mit heißem Wasser

Die Reinigung des Obstes vor dem Einmaischen mit heißem Wasser führt zu einer kurzfristigen Erwärmung an der Oberfläche der Früchte. Vor allem der hohe Reinigungsgrad macht diese Methode interessant. Die Erwärmung der Maische ist allerdings zweitrangig.

Abwasser der Brennerei durch die Maische leiten

Wie in einzelnen Betrieben zu sehen ist, wird die Maische mittels Abwasser aus der Brennerei über eine Edelstahlschlange beheizt. Diese Art der Heizung funktioniert allerdings nur während der Brennzeit, ist lokal begrenzt und nicht besonders wirksam. Daher sollte dies nur als Notlösung angesehen werden. Besser wäre hier, das Wasser durch einen ausrangierten Heizkörper zu leiten um damit den Raum zu erwärmen.

Kühlung

Vielfach ist im Sommer oder Frühherbst eine Kühlung der Maische nicht zu umgehen. Eine Kühlung wird dann notwendig, wenn die Maische Temperaturen von mehr als 20 bis 25 °C erreicht, um Aromaverlusten vorzubeugen.
Die meisten Aromakomponenten sind sehr leicht flüchtig – sobald man sie in einem Raum riechen kann, sind sie für den Brand verloren.
Besonders wichtig ist eine Kühlung bei Williamsmaischen, deren Aroma schon bei Temperaturen um 17 °C einer Verflüchtigung unterliegt.
Die Kühlung kann mit verschiedenen Methoden erfolgen.

Kühlung des Gärraums

So wie der Raum beheizt werden können soll, sollte ein Gärraum im Sommer und Frühherbst, wenn noch entsprechende Maischetemperaturen erreicht werden können, mit einem Kühlaggregat versorgt sein, um eine entsprechende Raumkühlung zu gewährleisten.
Die Kühltemperatur des Raumes soll immer etwa 4 °C unter der gewünschten Maischetemperatur liegen.
Den besten Kühleffekt erzielen Maischebehälter aus Edelstahl, da die Temperatur am besten geleitet wird.
Die Behältergröße bei gekühlter Gärung mit Raumkühlung sollte 2000 Liter nicht übersteigen, da sonst die Kerntemperatur zu hoch und nur eine ungenügende Kühlung erreicht wird.

Kühlung über Platten- und Schlangenkühler

Die Kühlung der Maische über Kühlplatten oder -schlangen im Inneren der Maische ist nur bei flüssigen Maischen empfehlenswert. Durch die dickflüssigen Maischen ist der Kühleffekt nur begrenzt bemerkbar. Sollte der Behälter ständig gerührt werden, dann kann auch eine entsprechend dickere Maische so gekühlt werden.

Oberflächenkühlung

Die Kühlung der Maische an der Oberfläche über einen Kühlmantel oder über Berieselungskühlung ist nur bei kleineren Behältern effektiv. Vor allem die Berieselung mit Wasser kann nur eine zeitweise starke Überhitzung des Behälters verhindern. Eine gleichmäßige Kühlung ist damit nicht möglich.

PRAXISTIPP:

Am besten geeignet ist ein mittelgroßer Gärraum, in dem die Maische beheizt und gekühlt werden kann, wo auch während des Jahres andere Produkte kühl gelagert werden können. Damit ist sicherlich die größte Wirtschaftlichkeit gegeben.

Gründe für Gärstockungen

Trotz optimaler Bedingungen kann es in Fruchtmaischen immer wieder zu Gärstockungen kommen, was sich dann in den Destillaten negativ auswirkt.

- Zu tiefe Temperaturen (beheizen)
- Zu hoher Säuregehalt; dies kann von Natur aus oder durch Fehlmanipulationen verursacht sein. Abhilfe schafft eine Erhöhung des pH-Wertes mit Entsäuerungskalk.
- Ein zu hoher natürlicher Gehalt an Konservierungsmitteln; anzutreffen ist dies besonders bei Vogelbeermaischen, aber auch bei Holunder, Mostbirnen und anderen eher robusteren Wildformen.

Den verschiedenen Gärstockungen kann man mit einiger Sachkenntnis und etwas Hausverstand sehr leicht entgegenkommen, denn vielfach genügt schon eine erhöhte Reinzuchthefezugabe und eine leichte Erwärmung, damit die Maische wieder zu gären beginnt.

Gründe des biologischen Verderbs von Maische

Gewöhnlich darf bei einer Maische kein biologischer Verderb auftreten. Wenn es allerdings zu Gärstockungen, Gärproblemen oder einem unerwünschten Sauerstoffzutritt kommt, sind immer wieder die verschiedensten Bakterien und Pilzfehler in Maischen zu erkennen.

Bakterien

Maischen sind aufgrund ihrer natürlichen Eigenschaften besonders anfällig gegenüber Bakterien. Besondere Wichtigkeit kommen dabei den Essig-, Milch- und Buttersäurebakterien zu.

Schimmelpilze

Besonders oft sind Schimmelpilze in Maischen anzutreffen. Vor allem bei kühleren Temperaturen und verzögertem Gärbeginn kommt es oft vor, dass Maischen an der Oberfläche von sehr intensiv riechenden und schmeckenden Schimmelpilzen befallen werden. Diese Schimmelpilze bilden nicht nur das Destillat beeinträchtigende Aromastoffe, sondern auch Mykotoxine mit für den Menschen extremer Giftigkeit, die in den Destillaten vielfach noch verstärkt werden. Von Vorteil ist nur, dass die wenigsten Mykotoxine überdestilliert werden können.
Besonders einzelne Apfelsorten (hauptsächlich Gloster) neigen durch ihre natürlich hohe Sporenanzahl bei kühleren Temperaturen zur Schimmelbildung, was im fertigen Destillat zu einem Schimmelgeschmack führt. Aber auch viele Beeren bringen von Natur aus so viele Sporen mit sich, dass es zu einem Verderb nach der Gärung kommen kann. Ein starkes Auftreten von Schimmel ist vielfach auch bei Vogelbeermaischen zu beobachten, was auf die natürliche Verzögerung beim Gärbeginn zurückzuführen ist. Mit Beginn der Kohlendioxidentwicklung ist zumeist das Auftreten der Schimmelpilze zu Ende, was beim Einleiten der Gärung bedacht werden sollte. Treten Schimmelpilze am Ende der Gärung auf, so sind die Maischen alsbaldigst zu brennen, denn dieses Auftreten ist nur sehr schwer zu bekämpfen.

Die Destillation

Durch den Brenn- oder Destillationsvorgang wird der in der Maische enthaltene Alkohol zusammen mit den aromagebenden Stoffen von den übrigen Bestandteilen getrennt.

Da in der Abfindungsbrennerei die Branntweinmonopolabgabe pauschaliert ist, ist es das Bestreben eines jeden Brenners, den Alkohol möglichst vollständig zu gewinnen.

Die physikalischen Grundlagen der Destillation beruhen auf den unterschiedlichen Siedepunkten verschiedener Flüssigkeiten, die es möglichst genau zu trennen gilt.

Während reines Wasser bei normalem Luftdruck einen Siedepunkt von 100 °C aufweist, siedet reiner Alkohol schon bei 78,3 °C. Werden Wasser-Alkohol-Gemische zum Sieden gebracht, so enthält der Dampf beim Sieden bereits beide Komponenten. Je mehr Alkohol in der Mischung ist, desto näher kommt der Siedepunkt jenem reinen Alkohols.

Da der Dampf von Flüssigkeiten, die Alkohol und Wasser enthalten, alkoholreicher als die Flüssigkeit selbst ist, tritt eine Verstärkung auf.

Hierauf beruht die Möglichkeit, Alkohol in konzentrierter Form abzuscheiden, wenn noch viel Wasser im Flüssigkeitsgemisch ist.

Arten der Destillation

In der physikalischen Technologie wird zwischen Gleichstromdestillation und Gegenstromdestillation unterschieden.

Die Gleichstromdestillation

Bei der Gleichstromdestillation handelt es sich um eine einfache Destillationsweise, die dadurch gekennzeichnet ist, dass die aus der Blase verdampfenden Teilchen alle die gleiche Richtung aufweisen.
Hier findet lediglich ein Verdampfen und Kondensieren statt, wie wir es von gewöhnlichen Brenngeräten her gewohnt sind.
Die konventionelle Brenntechnik und alle einfachen Brenngeräte beruhen auf Gleichstromdestillation.

Die Gegenstromdestillation

Bei der Gegenstromdestillation wird den aufsteigenden Dämpfen ein kühlerer Flüssigkeitsstrom entgegengeleitet, was zu einer kontinuierlichen Verstärkung des Alkohol-Wasser-Gemisches führt.
Der kühle Flüssigkeitsstrom entsteht durch einen Kühlteil im Verstärker oder durch kondensierende Dämpfe, die sich auf sogenannten Böden sammeln. Durch diesen kühleren Flüssigkeitsstrom ist nur eine kleine Menge Dampf mit intensiver Verstärkung in der Lage, bis zum Ende vorzudringen. Der dabei gewonnene Alkohol ist nach einem Abtrieb zumeist sehr rein.
Die Gegenstromdestillation weist den Vorteil auf, dass es damit möglich ist, Brände in einem einzigen Abtrieb herzustellen.

Aufgrund dieser beiden Destillationstechniken unterscheidet man einige verschiedene Arten an Brennereien, die allerdings im Aufbau immer gleich sind.

Der Aufbau eines Brenngerätes

Ein Brenngerät besteht aus verschiedenen unbedingt notwendigen Teilen und Zubehör. Unbedingt notwendig sind die Blase, der Helm, das Geistrohr und ein Kühler.

Moderne Brenngeräte weisen einige im Folgenden beschriebenen Teile auf, die jedoch oftmals für die Herstellung eines Brandes nicht unbedingt notwendig sind.

Grundsätzlich entscheidet nicht das Brenngerät über die Qualität des fertigen Brandes, sondern der Benutzer. Somit ist es auch mit einem einfachen, direkt befeuerten Kessel möglich, einen Qualitätsbrand zu erzielen. Mit modernen, gesteuerten Brennanlagen ist dies für den Brenner teilweise komfortabler.

Die Blase

Die Blase ist jener Bereich, in den die Maische gefüllt und in dem sie erhitzt wird. Es gibt kugelförmige und zylinderförmige, wobei die kugelförmige wegen der besseren Erhitzung und gleichmäßigeren Alkoholausbeute – wenn es kein Rührwerk gibt – zu bevorzugen ist. Die Form der Blase ist jedoch kein Qualitätskriterium für den fertigen Brand.
Brennblasen sollten unbedingt aus Kupfer gefertigt sein, um während der Gärung gebildete Schwefelverbindungen zu neutralisieren und qualitativ hochwertige Destillate zu ermöglichen. Diese negativen Verbindungen bleiben bei Kupferblasen in der Schlempe zurück, was bei anderen Materialien nicht der Fall ist.

Bei Brennblasen aus Edelstahl ist es notwendig, dass der Helm aus Kupfer ist beziehungsweise ein entsprechend großer Anteil an freier Kupferoberfläche im System zu finden ist.

Der Helm

Der Helm ist jener Teil, der die Blase abdeckt und den Dampf in das am höchsten Punkt befindliche Geistrohr leitet. Der Helm sollte noch aus Kupfer sein, damit die entwichenen und nicht kondensierten negativen Schwefelverbindungen in der Schlempe zurückbleiben. Je größer der Helm ist, desto länger dauert es, bis der Dampf beim Geistrohr entweichen kann, und desto sauberer ist die Abtrennung der einzelnen Fraktionen möglich. Allerdings ist die Größe des Helms durch monopolrechtliche Bestimmungen begrenzt. Einzelne Hersteller bieten bereits im Helm eine Kühlung des Dampfes an, die dann ähnlich dem Dephlegmator arbeitet.

Das Geistrohr

Das Geistrohr ist die Verbindung zwischen Helm und der Kühleinrichtung. Ein Geistrohr sollte unbedingt steigend angebracht sein, um Kondensate, die eine zu niedrige Temperatur aufweisen, wieder in die Blase rückführen zu können. Bei älteren Brennanlagen ist das Geistrohr noch aus Kupfer, bei neuen Brennanlagen sollte allerdings nur noch Edelstahl verwendet werden. Dies aus dem Grund, da Kupfer von vereinzelt überdestillierten flüchtigen Säuren angegriffen wird, was zu einer Erhöhung der Kupferionen im fertigen Brand führt. Diese Kupferionen sind vielfach Auslöser für grüne und blaue Ausflockungen im fertigen Brand. Allerdings sind dabei auch zumeist Wachse und Öle der Früchte zu finden.

Der Verstärker

Wie schon vorher beschrieben weisen moderne Brenngeräte in der Regel einen Verstärkeraufsatz oder einen nebenbei angebauten Verstärker auf. Dieser Teil, der zumeist drei Böden und einen Dephlegmator haben sollte, ermöglicht es, dass in einem Arbeitsgang Rau- und Feinbrand durchgeführt werden können. Verstärker sind vielfach außen aus Edelstahl und innen aus Kupfer, um eine entsprechende Reinigung erzielen zu können. Je nach Hersteller werden verschiedene Systeme zur Erzielung eines Widerstandes angeboten. Die besten Ergebnisse beim Brand konnten mit dem System der Glockenböden erreicht werden. Versuche mit anderen Technologien führten zu teilweise sehr scharfen und nicht entsprechend gereinigten Bränden.

Der Dephlegmator, der sich ursprünglich aus zwei ineinander gestellten Zylindern, wobei der innere mit Wasser gefüllt war, ergeben hat, kann heute entweder ein

Röhrensystem, ein Wasserkasten oder der klassische Zylinder sein. Alle Systeme erfüllen den Zweck der Kühlung des Wasserdampfs. Für den Brenner ist es nun notwendig zu entscheiden, wie stark er den Dephlegmator kühlt, um einen zu langen Verbleib des Destillates im Verstärker zu verhindern. Denn Produkte, die immer nur im Kreis destilliert werden, verlieren sehr stark an Aroma.

Der Kühler

Der Kühler sollte ebenfalls wie das Geistrohr aus Edelstahl gefertigt sein. Je nach Destillationstechnik und Durchflussgeschwindigkeit sollte der Kühler an das Brenngerät angepasst werden. Dabei wird zwischen Schlangen-, Teller- und Röhrenkühler unterschieden. Schlangekühler sind eine Edelstahl- oder Kupferschlange in einem mit Wasser gekühlten Behälter. Diese Kühlerart benötigt sehr viel Wasser und hat bei einer stärkeren Durchflussmenge nur eine geringe Kühlleistung. Tellerkühler sind zumeist aus Edelstahl gefertigt, die Kühlleistung ist entsprechend gut. Als Vorteil gegenüber einem Röhrenkühler ist die vollständige Zerlegbarkeit zur Reinigung zu nennen. Röhrenkühler, die eigentlich Rohrbündelkühler heißen müssten, bestehen aus einem Bündel an feinen Rohren, die von Wasser umspült werden. Die Kühlwirkung ist bei diesen sicherlich am besten. Ein Nachteil ist die schlechte Reinigungsmöglichkeit.
Bei einfachsten Brenngeräten genügen Schlangenkühler. Je größer das Brenngerät wird, desto besser sollte die Kühlwirkung sein. Ab einer Kesselgröße von 100 Liter Blasenfüllmenge sollten nur noch Teller- und Röhrenkühler verwendet werden.
Der Kühlwasserfluss soll bei allen Kühlerarten im Gegenstrom erfolgen, um dem austretenden Kondensat eine möglichst geringe Temperatur aufzuzwingen, damit die Aromaverluste sich in einem geringen Rahmen halten. Als ideal kann eine Destillattemperatur von weniger als 20 °C angesehen werden.

Die Alkoholvorlage

Der Kühlerausfluss des Kondensates ist mit einer Alkoholvorlage auszurüsten, die es während des gesamten Brennvorganges gestattet, Temperatur, Gradstärke und Klarheit des ablaufenden Destillates zu kontrollieren. Die Alkoholvorlage kann zur Verhinderung von Alkohol- und Aromaverlusten mit einer Glasglocke abgedeckt werden, was allerdings nicht immer notwendig ist.
Zur Erzielung eines qualitativ hochwertigen Brandes ist eine Alkoholvorlage und die permanente Kontrolle des Alkoholgehalts unbedingt notwendig. Die Alkoholvorlage sollte aus Edelstahl bestehen, um Kupferionen im fertigen Brand zu vermeiden. Die Alkoholspindel soll sich in der Alkoholvorlage frei bewegen können.

Das Rührwerk

Moderne Brennereien sollten unbedingt mit einem Rührwerk ausgestattet sein, um eine gleichmäßige Erhitzung der Maische oder des Raubrandes zu ermöglichen. Damit kommt es weder zu lokalen Überhitzungen noch zu einem zu lange andauernden Vorlauf oder Nachlauf. Die Abtrennpunkte werden damit auch sensorisch genauer nachvollziehbar. Die technischen Lösungen reichen von einem einfachen mechanischen Rührwerk, das von Hand angetrieben wird, bis zu einem vollautomatischen Rührwerk, das mittels Computersteuerung eingesetzt wird. Vor allem bei der Verarbeitung etwas dickflüssigerer Maischen ist ein Rührwerk unumgänglich.

Erfahrungen der letzten Jahre haben auch gezeigt, dass die Qualität des Feinbrandes bei der doppelten Destillation durch ein Rührwerk deutlich verbessert werden kann.

Der Katalysator

Moderne Brenngeräte werden vielfach mit Katalysator angeboten. Diese sind in Österreich nur bei Verschlussbrennereien gestattet. Die Aufgabe eines Katalysators ist es, durch seine große Kupferoberfläche Ethylcarbamat und andere leicht abbindbare Stoffe, wie Schwefelverbindungen und einige andere unerwünschte Aromakomponenten, zu binden. Der Katalysator kann je nach Hersteller eine gerollte Kupferplatte sein oder auch nur aus Kupferringen oder Kupferblättchen bestehen. Wichtig ist jedoch, dass jeder Katalysator nur dann funktioniert, wenn er entsprechend gereinigt ist. Der Abfindungsbrenner kann sich durch ein gut gereinigtes Brenngerät viele Vorteile des Katalysators zu Nutze machen.

Steuerungen zur Automatisierung

Trends in der technologischen Entwicklung weisen auf Anlagen hin, die in Zukunft vollständig regelbar und steuerbar sind. Derzeit werden solche Anlagen aufgrund der Anschaffungskosten nur bei großen Brennern verwendet. Denkt man an eine elektronische Regelung mit späterer PC-Überwachung, sind die Grundlagen der Destillation zu beherrschen, es sollte zudem eine gehörige Portion Erfahrung vorhanden sein. Sinn machen elektronische Regelungen in erster Linie bei Kolonnenanlagen.

Das Ziel jeder Steuerung ist es, standardisierte Vorgänge in der Brennanlage zur Qualitätsverbesserung reproduzierbar zu machen. Jede Regelung kann aber immer nur so gut sein wie die Informationen, die der Brenner dieser Regelung hinterlegt. Dazu muss man bestimmen, welche Werte man messen möchte und in welche Beziehung diese Werte gebracht werden sollen.

Die wichtigsten Werte sind:

- Wasserbadtemperatur
- Maischetemperatur
- Helmtemperatur
- Temperatur auf jedem einzelnen Boden der Kolonne
- Geistrohrtemperatur
- Geistrohrdurchlaufmenge
- Wassertemperatur am Dephlegmatoreingang und -ausgang (wenn vorhanden)

Sicherheitstechnisch sind zu überwachen:

- die Temperatur des Kühlers
- die Eingangstemperatur des Dephlegmators (wenn vorhanden)
- die Wasserbadtemperatur

Einer der wichtigsten Parameter ist sicherlich die Wasserbadtemperatur. Sie regelt die Energiezufuhr in der Maische. Zu hohe Temperaturen verursachen Aromaverluste, zu niedrige Temperaturen bringen einen „Kochgeschmack" durch Verkochen der Aromen mit sich. Der geübte Brenner steuert ja auch ohne Elektronik seine Brennerei durch die geregelte Zufuhr an Energie (Holz).
Elektronische Regelsysteme mit vorgegebenen Daten sind nun deutlich genauer in der Lage, diese Temperaturzufuhr entsprechend zu steuern. Damit kann auch der Flüssigkeitsstrom sehr genau eingestellt werden. Geräte, die nur über die Messung des Flüssigkeitsstromes arbeiten, sind deutlich teurer als solche, die mit Temperatursteuerungen arbeiten. Auch sind die Durchflussparameter nicht so genau einzustellen und differieren bei nicht homogenen Maischen.
All diese gespeicherten Daten können nun in Diagrammen abgelesen und – was für den Brenner wichtig ist – gespeichert und später nochmals bearbeitet werden. Auch das Brennen des nächsten Kessels kann man mit den gespeicherten Einstellungen durchführen.
Versuche mit solchen Regelungen lassen erst das Potenzial erahnen, das an Qualitätsarbeit für den Edelbrand zu leisten ist. Bei durchgeführten Versuchen war es möglich, nur durch die Veränderung von einigen Zehntelgraden ein anderes Produkt zu erzielen. Bisher bewegen wir uns im 5 °C-Bereich, und derartige Steuerungen werden zeigen, welches Potenzial der Edelbrand wirklich zu bieten hat.

Direkte Beheizung – indirekte Beheizung

Die Unterscheidung der Brenngeräte erfolgt aufgrund zweier Parameter:

1. **Die physikalische Destillationstechnik** (siehe vorher)
2. **Die Erhitzungsart**

Die Unterscheidung der Brenngeräte durch die Erhitzungsart ist bei weitem die häufigste. Dabei wird unterschieden zwischen der direkten Beheizung und einer indirekten Befeuerung.

Brenngeräte mit direkter Befeuerung

Bei diesen einfachen Brenngeräten ist die Brennblase direkt vom Feuer umgeben. Diese klassischen Brenngeräte sind immer seltener bei Qualitätsproduzenten anzutreffen. Die Gründe dafür sind mannigfaltig und besonders durch den erhöhten Arbeitsaufwand der Überwachung zu erklären.

Aufgrund der Schwierigkeiten bei der Überwachung sind derartige Geräte für die Qualitätsproduktion nur bedingt geeignet. Dies ist auf die sofortige Reaktion bei Wärmeveränderungen zurückzuführen, denn der Puffer, wie er bei allen anderen Brenngeräten gegeben ist, fehlt hier vollständig. Gleichzeitig neigen diese Brenngeräte durch lokale Überhitzungen der Maische sehr leicht zu An- und Verbrennen der Maische, was zu Fehltönen im fertigen Brand führen kann. Werden noch direkt befeuerte Brenngeräte verwendet, so ist auf ein beständiges Rühren der Maische zu achten, um Anbrenntöne zu verhindern. Gleichzeitig ist auf eine gleichmäßige Temperatur zu achten, um große Temperaturschwankungen zu vermeiden. Dies gilt besonders für den Feinbrand, bei dem jegliche Art von Temperaturschwankungen vermieden werden sollten.

Brenngeräte mit indirekter Beheizung

Flüssigkeitsbadbrenngeräte

Das Prinzip der indirekten Beheizung der Blase mit heißem Wasser oder Öl wird heute in den meisten Brennereien verwendet. Bei dieser Art von Brenngeräten ist ein Anbrennen sehr unwahrscheinlich, die Erhitzung ist von großer Gleichmäßigkeit.

Üblicherweise ist Wasser der Temperaturträger. Einzelne Hersteller bieten auch mit Öl gefüllte Anlagen an. Die Trägheit des Öles soll von Vorteil sein. Aus Umweltgründen ist allerdings von derartigen Anlagen abzuraten.

Aufbau der Heizvorrichtung

Die Blase befindet sich in einem Druckgefäß, das zu mehr als der Hälfte mit Wasser gefüllt ist. Dieses Gefäß ist druckdicht verschlossen, um keinen Dampf entweichen zu lassen. In das Wasserbad ist ein Feuerungsraum eingeschoben, der vom Wasser gleichmäßig umspült ist. Das Wasser erhitzt sich dann gleichmäßig und überträgt die freiwerdende Hitze auf die umspülte Maische.

Dieses System hat den Vorteil, eine gleichmäßige Erhitzung zu ermöglichen und Temperaturschwankungen durch die Pufferkapazität des Wassers auszugleichen. Je größer das Wasserbad ist, desto träger wird der Kessel und desto geringer sind Temperaturschwankungen während des Brennens.

Dadurch sind lokale Überhitzungen, die ein Anbrennen verursachen, nur noch sehr schwer möglich. Wer jedoch glaubt, dass ein Anbrennen in einem Wasserbadkessel unmöglich ist, der sollte bei der Verarbeitung eines stärkehaltigen Produktes Acht geben. Die Stärke kann sich an der Kesseloberfläche anlegen und ebenfalls anbrennen.

Der sich im oberen Bereich befindliche Dampf weist eine höhere Temperatur auf als das darunter liegende Wasser, wodurch eine Verwirbelung innerhalb der Maische möglich ist.

Erhitzungsmöglichkeiten des Wasserbades

Das Wasserbad kann mit beinahe allen Varianten erhitzt werden.

Möglichkeiten der Erhitzung des Wasserbades

- Feste Brennstoffe
- Flüssige Brennstoffe
- Gasförmige Brennstoffe
- Elektrisch

Bei all diesen genannten Erhitzungsmethoden ist die Wirtschaftlichkeit und der Arbeitseinsatz zu bedenken. Soll der Kessel für kurze Zeiten unbeaufsichtigt verbleiben können, so ist Gas oder Öl zu bevorzugen. Elektrische gesteuerte Brennereien bieten den gesamten Komfort der Elektrizität, allerdings sind die Kosten sehr hoch, wodurch derartige Brenngeräte nur für den Hobbyproduzenten interessant sind.

Die Erhitzungsart hängt vom jeweiligen Betrieb ab und ist mit der Brenngerätefirma zu besprechen.

Dampfbrenngeräte

Dampfbrenngeräte unterscheiden sich von den Wasserbadbrenngeräten dadurch, dass die gesamte Oberfläche der Blase oder die Flüssigkeit über eine Schlange oder über Heizplatten direkt mit Dampf (anstelle von Wasser und Dampf) beheizt wird.
Die Breite des Dampfraumes beträgt nur wenige Zentimeter, wodurch sich Änderungen der Dampfzufuhr sofort auf die Maische auswirken. Diese Beheizungsart ist deshalb die am genauesten steuerbare. Vereinzelt wird die Dampfleitung sogar direkt in die Maische eingebracht, was eine sehr schnelle Maischeerhitzung bei Großanlagen ermöglicht. Besonders zu empfehlen ist dies bei speziellen Feinbrandkesseln, da damit eine optimale Steuerbarkeit der einzelnen Fraktionen gegeben ist.

Dampfbrenngeräte benötigen einen Dampfkessel, der gewissen Sicherheitsbestimmungen unterliegt. Diese sind bei den jeweiligen Gebietsbehörden zu erfragen.

80
70
60
50

techem
Vertrieb
m³
02.273194
D 91
6.131.85
Kaltwasser
LZ
A.H 30°C
A.V Qn 1,5
X0,0001

Die Technik der Destillation

Um ein qualitativ hochwertiges Produkt zu erzielen, sind während des Destillationsvorgangs verschiedene Punkte zu beachten. Während der Destillation werden aus vielen sehr guten Produkten fehlerhafte Produkte, die nur auf mangelnde Genauigkeit und Unkenntnis zurückzuführen sind.

Die Technik der Destillation entscheidet über die Reinheit und Sauberkeit eines Brandes.

Zur Erzielung eines Qualitätsbrandes ist es mit einfachen Brenngeräten ohne Verstärkungseinrichtungen notwendig, den Brand einer zweimaligen Destillation zu unterziehen, um eine Reinigung und die Abtrennung unerwünschter Stoffe zu ermöglichen und durchzuführen.

Die traditionelle Destillation erfolgt in zwei Schritten, wobei das Gewinnen des Alkohols aus der Maische als Raubrand und die nochmalige Reinigungsdestillation als Feinbrand bezeichnet werden.

Der Raubrand

Der Begriff Raubrand kommt vom rauen (rohen) Brennen der Maische. Der Raubrand hat die Aufgabe, den gesamten Alkohol, der sich in der Maische befindet, zu gewinnen. Dabei wird nicht unterschieden zwischen „guten" und „schlechten" Alkoholarten.

Durchführung des Raubrandes

Bei diesem Arbeitsgang wird die vergorene Maische in die Brennblase gefüllt und erhitzt. Während des Erhitzungsvorgangs sollte die Maische regelmäßig gerührt werden, um eine möglichst gleichmäßige Temperaturverteilung zu erzielen. Bei ungefähr 70 °C Maischetemperatur beginnen die ersten Stoffe dampfförmig zu entweichen, die allerdings noch im Helm kondensieren und wieder in die Maische zurücktropfen. Erst bei Temperaturen zwischen 75 und 78 °C sind die dampfförmigen Stoffe in der Lage, bis in das Geistrohr vorzudringen.
Die Erhitzung kann unter hohen Temperaturen erfolgen. Erst wenn der heiße Dampf im Geistrohr bis zur Kühlerbiegung vorgedrungen ist, wird die Hitze reduziert, um eine gleichmäßige Alkoholabtrennung aus der Maische zu ermöglichen. Bis zu diesem Zeitpunkt, wo die Maische zumeist von alleine in Bewegung ist, sollte immer wieder gerührt werden. Elektrische Rührwerke sollten von diesem Zeitpunkt weg noch etwa 5 Minuten eingeschaltet bleiben.

Zu diesem Zeitpunkt wird auch das Kühlwasser eingesetzt, um den Dampf zu kondensieren. Moderne Brennereien arbeiten mit Temperaturfühlern, die selbsttätig den Wasserdurchfluss öffnen.

Durchschnittlich beginnt der Raubrand bei einem Alkoholgehalt zwischen 30 und 50 % Vol.

Dieser Alkohol ist zu sammeln, ohne Teile wegzunehmen. Nach ungefähr ein bis zwei Stunden ist der Alkoholgehalt auf einen Wert um 20 % Vol. gesunken. Diese Zeit ist abhängig von der Intensität der Beheizung und der Menge der eingefüllten Maische. Hier beginnt dann die erste Verkostungstätigkeit, um den Punkt, bei dem kein Aroma mehr im Brand ist, nicht zu versäumen und schon von vornherein Fuselalkohole im Raubrand zu vermeiden.

Die Verkostung erfolgt nur auf Fruchtaromen und einen säuerlichen Geschmack nach dem Nachlauf. Sind keine Fruchtaromen mehr vorhanden, so ist der Brand „abzureißen", das heißt zu entleeren und neu zu füllen. Die irrige Meinung, soweit als möglich herunterzubrennen, führt zu eher scharfen und unsauberen Bränden. Der richtige Zeitpunkt des Wechselns ist dann gegeben, wenn kein Aroma mehr vorhanden ist, egal ob die Maische 18 oder 10 % Vol. enthält.

Die dadurch erlittene Minderausbeute wird durch den Zeit- und Heizmaterialgewinn vollständig wettgemacht, so dass dem Brenner durch das frühe Abreißen kein wirtschaftlicher Schaden entsteht, wohl aber die Qualität deutlich verbessert wird.

Unter 10 % Vol. erfolgt weiter eine deutliche Verdünnung des Raubrandes mit Wasser, wobei dieser Wasserdampf viele höhersiedende Alkohole und Fettsäuren, die im fertigen Brand zu Aromabeeinträchtigungen führen können, mitreißen kann.

Falls bereits beim Raubrand ein Fehlgeruch oder Fehlgeschmack zu erkennen ist, so ist der Raubrand schon jetzt zu behandeln, denn aus einem fehlerhaften Raubrand ist es nicht mehr möglich, ein Qualitätsdestillat herzustellen.

Der Feinbrand

Durch das zweite Brennen des entstandenen Raubrandes wird eine Verstärkung des Alkohols ermöglicht. Gleichzeitig ist mit dieser Verstärkung auch eine Reinigung des entstandenen Alkohols zu bewerkstelligen.

Die Raubrände werden gesammelt. Grundsätzlich gibt es zwei Arten des zeitlichen Abbrennens, die nach der neuen Brennzeitenregelung entweder dazwischen oder nach dem Raubrand durchgeführt werden. Letztere Variante, das heißt, nachdem die ganze Maische abgebrannt wurde, ist zu bevorzugen, da die Raubrandmenge schon feststeht und eine gleichmäßige Verteilung auf die verschiedenen Kessel möglich ist.

Je nach Größe der Brennblase und Alkoholgehalt der Maische ergeben drei bis fünf Kessel Raubrand einen Kessel Feinbrand.

Für einen guten Brand muss der zweite Erhitzungsvorgang deutlich langsamer und vorsichtiger vor sich gehen als die Durchführung des Raubrandes.
Dies deshalb, weil die einzelnen Aromastufen und Aromakomponenten einerseits empfindlicher und andererseits viel flüchtiger sind. Gleichzeitig befinden sich in der Flüssigkeit nur noch Wasser-Alkohol und Aromamischungen. Je nachdem, welcher Ton gewünscht wird, wählt man die Siedetemperatur.

Diese differenzierte Trennung und ein sauberes Arbeiten führen dann letztendlich zu einem guten Brand.

Die Durchführung des Feinbrandes

Nachdem, wie schon eingangs beschrieben, die einzelnen Aroma- und Alkoholkomponenten bei unterschiedlichen Temperaturen zu sieden beginnen, ist der Feinbrand sehr vorsichtig zu destillieren. Gleichzeitig unterteilt sich der Feinbrand in die verschiedenen Fraktionen, die genau zu unterscheiden sind.

Die Brennblase wird soweit als möglich mit Raubrand gefüllt. Bei Kleinmengen ist oftmals ein vollständiges Befüllen der Brennblase mit Raubrand nicht möglich.

Um nun den Kessel zu schützen und die Alkoholausbeute so gleichmäßig wie möglich zu gestalten, sollten solche Kleinmengen mit Wasser aufgefüllt werden, wobei eine Mindestfüllmenge von 50 % des Füllvolumens anzustreben ist.

Diese Raubrandmenge wird dann so gleichmäßig wie möglich erhitzt, um eine genaue Trennung der einzelnen Fraktionen zu ermöglichen. Beim Feinbrennen sind Wasserbadkessel zu bevorzugen, da sie eine gleichmäßige Wassererwärmung und Wärmeübertragung gewährleisten. Dies wirkt sich allerdings bei zu hohen Temperaturen durch eine langsamere Abkühlung negativ aus.

Die Unterscheidung der einzelnen Fraktionen hängt mit den unterschiedlichen Siedepunkten der einzelnen Inhaltsstoffe zusammen, wobei die negativen Stoffe durchwegs im vorderen und hinteren Bereich des jeweiligen Feinbrandes zu finden sind.

Diese Fraktionen sind demnach auch nach ihren Zeitpunkten des Auftretens unterteilt. (Siehe „Fraktionen eines Feinbrandes“)

Das Brennen mit Feinbrennaufsatz

Die Arbeit mit einem Feinbrennaufsatz ist dem Feinbrennen sehr ähnlich. Je nach verwendeter Kolonne sind allerdings die Möglichkeiten der Steuerung und Kontrolle sowie auch die Fehlerquellen vielfältiger. Die meisten Hersteller verwenden in ihren Kolonnen Glockenböden, wobei der aufsteigende Dampf an der Glocke kondensiert und nach außen auf den Boden abfließt, wo dann mit einem Schieber der Flüssigkeitsstand reguliert werden kann.
Der nachfolgende heiße Dampf erhitzt diese Flüssigkeit, so dass sie wiederum zu kochen beginnt und neuerlich in den nächsten Boden aufsteigt.
Am höchsten Punkt befindet sich dann der Dephlegmator, der mit warmem oder heißem Wasser gefüllt wird und erst ab einer gewissen Arbeitstemperatur den Dampf in den Kühler weiter lässt.
Verbleibt in diesem Aufsatz der Alkohol zu lange, das heißt, wird zu kühl gearbeitet, so kann es zu einem Verkochen der Aromen kommen. Erfolgt der Abtrieb zu schnell, so ist das Ergebnis in der Sauberkeit nicht zufriedenstellend.
Gewöhnlich wird je nach gewünschter Reinigung und Obstart eine Einstellung der Böden erfolgen.
Die Hersteller der Brenngeräte empfehlen immer ein Schließen der Böden von unten nach oben. Eigene Erfahrungen haben zu sehr guten Ergebnissen geführt, wenn die Böden auch von oben nach unten geschlossen wurden. Vor allem bei sensiblen Aromen konnten damit ausgezeichnete Ergebnisse erzielt werden.
Grundsätzlich gilt hier jedoch, dass erst nach einiger Erfahrung die Kolonne entsprechend verwendet werden kann. Ein Allgemeinrezept ist nicht möglich.
Kurse zum Umgang mit der Kolonne sind in diesem Fall sicher sehr hilfreich.

PRAXISTIPP:

Je reiner der Brand werden soll, umso mehr Böden sind geschlossen zu halten beziehungsweise umso höher muss der Flüssigkeitsstand in den einzelnen Böden sein. Je kälter die Dephlegmator-Eingangstemperatur ist, desto länger verbleibt der Alkohol im Feinbrennaufsatz. Damit wird er sauber, aber das Risiko des Verbrennens von Aromen steigt.

Während der Destillation erfolgt wie beim Feinbrennen eine Fraktionierung des Alkohols. Die einzelnen Mengen sind im Vergleich zum Feinbrand jedoch deutlich geringer, da hier ja nur ein Kessel mit Maische destilliert wird.

Fraktionen eines Feinbrandes

Der Vorlauf

Der Vorlauf besteht zum größten Teil aus Isoamylalkohol und Ethylacetat. Dieser Abschnitt, der sich in einem fertigen Brand mittels stechender Töne bemerkbar macht, ist nicht nur qualitätsstörend, sondern sogar giftig. Isoamylalkohol greift, in verstärktem Maße genossen, das Gehirn an und kann bei regelmäßigem Konsum sogar zur Erblindung führen. Wegen all dieser Nachteile ist der Vorlauf unbedingt vom Brand zu entfernen.

Dies ist sehr einfach möglich, da der Vorlauf einen sehr niedrigen Siedepunkt hat, der knapp unter dem von Trinkalkohol liegt. Daher kommt er vor dem Mittellauf und ist leicht durch eine sensorische Kontrolle abtrennbar. Elektronische Vorlaufabscheidungsvorrichtungen sind nicht genügend ausgereift.

Gleichzeitig befinden sich im Vorlauf auch die meisten leichtflüchtigen Gärungsnebenprodukte. Diese negativen Aromakomponenten sind als Aceton, Essigsäure und Azetaldehyd bekannt. Alle drei Geruchsstoffe sind in Lösungsmitteln und Klebstoff zu finden, weshalb dieser Teil des Brandes oftmals als Klebstoffton bezeichnet wird.

Die Abtrennung desselben sollte so genau als möglich erfolgen, denn schon kleinste Mengen sind im fertigen Brand zu erkennen. Die Abtrennung kann nur nach sensorischen Gesichtspunkten durchgeführt werden, da die einzelnen chemischen Vorlaufabtrennungstests gut, aber nicht völlig ausreichend arbeiten.

Für die sensorische Vorlaufabtrennung sind die ersten drei Prozent der Gesamtfüllmenge in Gläser mit einem Füllinhalt von 250 ml aufzutrennen. Dieser starke Alkohol wird in Kostgläsern zurück verdünnt. Die einfachste Art der Rückverdünnung erfolgt mittels Pipette, wobei in den meisten Fällen 10 ml Branntwein und 12 ml Wasser einen Brand mit etwa 40 %Vol. ergeben.

Das Wasser zur Rückverdünnung sollte lauwarm sein, um die Fehler deutlicher zu erkennen. Anschließend werden dann alle auf diese Art rückverdünnten Proben durchgerochen, das heißt vom ersten bis zum zwölften Glas in ansteigender Reihenfolge.

Ist dies geschehen, werden alle Gläser in umgekehrter Reihenfolge nochmals durchgerochen. Nach diesem Vorgang können dann die am stärksten riechenden und in der Nase sehr stark stechenden Gläser ausgeschieden werden. Zumeist verbleiben dann drei bis vier weitere Gläser, die genau zu testen sind. Jenes Glas (und alle davor), das noch einen stechenden Ton aufweist, ist auszuscheiden, alle Gläser darüber sind zu verwenden.

PRAXISTIPP:

Ein Verkosten der einzelnen Brände in den vorbereiteten Gläsern kann oft Aufschluss darüber geben, ob noch Vorlauf vorhanden ist. Wenn Vorlauf im Glas ist, schmeckt der Brand auf der Gaumenplatte scharf und brennt dort auch dementsprechend.

Der Punkt der Abtrennung ist mit einiger Übung sehr genau zu erkennen und für den Fachmann deutlich feststellbar.

Gewöhnlich beträgt die abzutrennende Menge ungefähr zwei Prozent des Gesamtfüllvolumens, wobei diese Prozentangabe nur als Richtwert und nicht als Fixpunkt dienen soll. Die abzutrennende Menge variiert je nach Enzym, Obstart und Pektinreichtum der Früchte im Verarbeitungsjahr. Gleichzeitig wirken Gärfehler ebenfalls vorlaufsteigernd, was bei der Vorlaufabtrennung zu berücksichtigen ist. Dieses Verkosten des Vorlaufs sollte bei jedem ersten Feinbrand durchgeführt werden.

Der entstandene und abgetrennte Vorlauf darf unter keinen Umständen mehr in das Brenngerät gelangen, sondern sollte anderweitig verwendet werden. Als Verwendungsmöglichkeiten bietet sich die Frostschutz- und Reinigungswirkung dieses hochkonzentrierten Alkohols an.
Dieser Vorlauf darf auch nicht, wie es vereinzelt in bäuerlichen Betrieben üblich ist, wieder in die Maische rückgeschüttet werden.

Der Mittellauf

Nach der sachgemäßen Abtrennung des Vorlaufs folgt der Mittellauf. Der Mittellauf besteht gewöhnlich aus reinem Äthylalkohol, der für Trinkzwecke sehr gut geeignet ist. Der Mittellauf ist ebenfalls sehr vorsichtig zu destillieren, um keine Fuselalkohole und negative Aromastoffe in den fertigen Brand einzubringen.

Im Mittellauf befinden sich beinahe alle wertvollen Aromastoffe. Deshalb ist beim Mittellauf auf eine besonders gleichbleibende Temperatur und möglichst geringe Druckschwankungen beim Brennen zu achten.
Werden alle diese Grundsätze, wie sorgsames und nicht zu schnelles Brennen beim Mittellauf, beachtet, so ist eine saubere Abtrennung des „guten Alkohols“ und eine saubere Trennlinie zwischen Mittel- und Nachlauf möglich.

Der Mittellauf beginnt nach dem Vorlauf, der immer in einer beinahe gleichbleibenden Menge abzutrennen ist. Die Abtrennung des Nachlaufs ist bei weitem schwieriger und von Kessel zu Kessel verschieden. Gewöhnlich gilt als Fixpunkt ein Alkoholgehalt von ungefähr 50 % Vol. der nicht unterschritten werden soll. Dieser Alkoholgehalt schwankt allerdings je nach Brand und Jahr. Vereinzelt ist als Ende schon ein Alkoholgehalt von knapp unter 60 % Vol. mit Nachlaufaroma versetzt. Das Nachlaufaroma kann nur durch regelmäßige Verkostung während des Brennens erkannt werden. Diese Verkostung darf allerdings nicht glasweise erfolgen, sondern nur durch kurzes Eintauchen eines Fingers in den Brand und anschließendem Verkosten. Solange noch ein deutliches Fruchtaroma zu erkennen ist, sind keine oder nur kleinste Nachlaufmengen im Destillat.

Der Nachlauf

Der Alkohol, der das Brenngerät unter dem im Abschnitt „Mittellauf“ beschriebenen und ermittelten Fixpunkt verlässt, wird Nachlauf genannt. Der Nachlauf ist durch einen besonders hohen Anteil an Fuselölen, höheren Fettsäuren und deren Estern gekennzeichnet. Diese Stoffe, die bei Verkostungen als scharfe und stechende Töne zu erkennen sind, werden als Branntweinschärfen bezeichnet.

Gleichzeitig ist bei diesem Alkoholgehalt ein säuerlicher, metallischer Ton zu erkennen, der als Blasengeschmack bezeichnet wird. Dieser Abschnitt des Feinbrandes wird gesammelt und einem dritten Brennvorgang zugeführt.
Dieses dritte Brennen kann entweder getrennt erfolgen, wenn größere Mengen vorhanden sind, oder auch beim nächsten Feinbrand der gleichen Sorte dazugegeben werden.

Bei diesem dritten Brennen ist wiederum in die einzelnen Fraktionen zu trennen, wobei bei einem reinen Nachlaufbrand der Nachlauf aufgrund seines enorm hohen Fuselölanteils entfallen kann und unter 55 % Vol. verworfen werden sollte.

Durchschnittlich unterteilen sich **100 Liter Apfelraubrand** folgendermaßen:

- **2 Liter Vorlauf** ca. 78 % Vol.
- **30–35 Liter Mittellauf** ca. 65 % Vol.
- **20–25 Liter Nachlauf** ca. 25 % Vol.
- **40–45 Liter Blasenrückstand** ca. 3 % Vol.

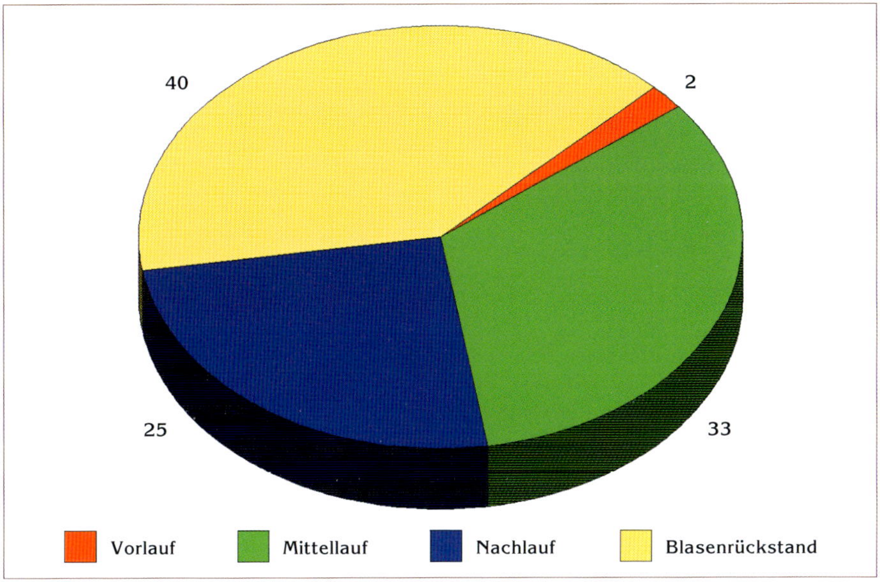

Diese Aufteilung soll nur als grober Anhaltspunkt dienen und ist von Obstart zu Obstart verschieden.

War die Maische fehlerfrei und hat die Trennung der einzelnen Fraktionen funktioniert, so sind für einen Qualitätsbrand bereits die meisten Schritte getan.

Sollten allerdings schon fehlerhafte Raubrände weitergebrannt worden sein oder sind beim Feinbrennen Fehler aufgetreten, so sind diese Destillate nicht als Qualitätsbrand zu vermarkten und entsprechen nicht der Qualität. Die meisten Fehler, die in Obstbränden auftreten, sind nicht oder nur sehr schwer zu beheben. (Siehe Kapitel „Mögliche Fehler des Destillates und deren Beseitigung“)

Entsorgung von Abwässern und Abfällen bei der Brandproduktion

Die Regelung der korrekten und umweltfreundlichen Entsorgung von Rückständen aus der Lebensmittelproduktion unterliegt dem Bund, Land und der einzelnen Gemeinde. Damit ergeben sich sehr unterschiedliche Anforderungen und Möglichkeiten für den Einzelbetrieb.

Um diesen Punkt und die dementsprechenden Vorgaben verstehen zu können, ist eine Kenntnis der ausgebrannten Maische sowie der einzelnen anfallenden Rückstände notwendig.

Wir unterscheiden in der Brandproduktion zwischen Maische, Lutterwasser und Reinigungsabwasser.

Die Maische selbst besteht nur aus zerkleinertem Obst und den daraus resultierenden Gärprodukten. Der Alkoholgehalt ist zumeist auf einen Restalkoholgehalt von weniger als 0,5 % Vol. reduziert. Der pH-Wert der Maische liegt gewöhnlich zwischen 3,1 und 3,5, was die vorhergehende Neutralisation notwendig macht. Der überwiegende Anteil der Maische ist fest (obwohl insgesamt eine flüssige Struktur erkennbar ist) und gelangt somit nicht ins Grundwasser. In der Maische sind keine Chemikalien zu finden. Soweit der Grundausgangswert. Allerdings ist der flüssige Anteil durch den niedrigen pH-Wert und der Säuren sowie dem Restalkoholgehalt für die Natur entsprechend schädlich. Der erfahrene Brenner, der seinen Maischebottich einmal in freier Natur entleert hat, weiß, dass dort einige Zeit kein Gras mehr wächst.

Durch den hohen Anteil an biologischem Material darf die Maische nicht oder nur beschränkt in die öffentliche Kanalisation eingeleitet werden, um ein Kippen der Kläranlage zu vermeiden.

Beim Feinbrennen fallen Lutterwässer an, die keine organischen Feststoffe beinhalten. Allerdings können hier vereinzelt sehr hohe Kupferwerte nachgewiesen werden, so dass eine Ausbringung ohne Verdünnung bedenklich sein kann. Beim Vermischen mit Maische besteht allerdings kein Problem in dieser Richtung.

Die Reinigungsabwässer von Brenngeräten, die etwa bei Verwendung von Zitronensäure stark sauer oder bei alkalischen Reinigern stark alkalisch sind, können zumeist direkt in die Kanalisation eingeleitet werden. Wenn alkalische Reinigungsabwässer mit der Maische in Berührung kommen, kann hier schon eine teilweise Neutralisation festgestellt werden.

Bei kleinsten Maischemengen ist ein Einbringen in die Kanalisation noch vertretbar. Wenn die Maischemenge eine gewisse Menge überschreitet, wird es oftmals problematisch. Hier bieten sich für die sachgerechte Entsorgung nur ein großflächiges Ausbringen auf landwirtschaftliche Kulturflächen nach Neutralisation mit Natronlauge oder ungelöschtem Kalk, ein Ausbringen in Kompostieranlagen und eine Weitervergärung in Biogasanlagen an.

Die Einleitung in die öffentliche Kanalisation kann nur dann erfolgen, wenn der pH-Wert zwischen 6,5 und 9,5 und die Temperatur unter 35 °C liegt, bei den meisten Kläranlagen darf auch ein Gesamtkupfergehalt von 1,0 mg/l nicht überschritten werden. Daher ist in diesem Fall eine Rücksprache mit der Gemeinde oder dem Kläranlagenbetreiber notwendig.

PRAXISTIPP:

Auf keinen Fall darf Maische direkt in ein fließendes oder stehendes Gewässer eingeleitet werden. Besser und langfristig günstiger ist immer noch die Entsorgung in Biogasanlagen sowie eine indirekte Einleitung in den Kanal nach Rücksprache mit der Gemeinde.

Reinigung und Unterhalt der Brennapparaturen

Grundsätzlich ist das Brenngerät nach jedem Brennvorgang sauber zu reinigen. Je nach Lage im Brenngerät sind auf Grund der unterschiedlichen Temperaturen, Formen und Aggregatzustand unterschiedliche Verschmutzungen zu erkennen. In der Brennblase und im Helm haben wir es überwiegend mit Belägen von angeklebter und angebrannter Maische, verkleisterter Stärke, karamellisierten Zuckern und Eiweißverbindungen zu tun. Verstärker und Kühler weisen Fettsäuren, Fuselöle, ätherische Öle, Terpene, Fette, Wachse und Harze auf. Auf den einzelnen Kupferflächen sind unterschiedliche Kupferverbindungen zu finden.

Zwischen jedem Brand sollte ebenfalls eine Reinigung erfolgen. Diese Reinigung, die dazu dient, Ablagerungen, die bei zu hohen Temperaturen anbrennen, zu verhindern, kann mit Wasser durchgeführt werden. Zumeist genügt eine an einen Schlauch angeschlossene Gartenspritze für diese Tätigkeit. Rückstände und Ablagerungen, die in der Blase verbleiben, brennen zumeist an und führen einerseits zu Aromabeeinträchtigungen und sind andererseits nur noch schwer aus der Blase zu entfernen.

Bei der an die Brennsaison anschließenden Generalreinigung ist die gesamte Anlage zu zerlegen und zu reinigen. Besonderes Augenmerk soll dabei der Blase und dem Kühler geschenkt werden, wobei die Verunreinigungen im Kühler von außen zumeist nicht zu erkennen sind. Hier sind vor allem die schwarzen und grauen Niederschläge, die durch schwefelige Verbindungen als Kupfersulfat auftreten, zu entfernen. Gleichzeitig muss man das Kupfer wieder frei bekommen, damit beim Destillieren von Steinobst die Cyanidverbindungen aus dem Brand entfernt werden können. Im Kühler ist auf die vollständige Entfernung der durch die Destillation niedergeschlagenen ätherischen Öle zu achten, damit keine Verstopfung im Betrieb beziehungsweise Geschmacksbeeinträchtigung im fertigen Brand entsteht.

Für die Blasen- und Helmreinigung empfehlen sich Laugen oder organische Säuren. Besonders spezielle Reinigungsmittel verschiedener Firmen, die auf enzymatischer Basis die Beläge im Brenngerät entfernen, sind recht gut geeignet. Je blanker die Kupferoberfläche im Brenngerät ist, desto höherwertiger und reiner wird der Brand.

PRAXISTIPP:

Die Reinigung der Brennerei mit 5 %-iger Zitronensäurelösung mit Aufheizen und anschließendem Auskühlenlassen der Anlage bringt die besten Erfolge. Dabei wird die Zitronensäure vorher in Wasser gelöst, bis hin zum Kühler alles angefüllt und dann auf etwa 90 °C erhitzt. Das sich ausdehnende Wasser muss abfließen können.

Es ist darauf zu achten, dass bei der Reinigung keine scharfen, das Kupfer beschädigenden Gegenstände eingesetzt werden. Diese Beschädigungen führen zur Bildung von Grünspan im Kessel, der dann wiederum durch organische Säuren während des Brennvorganges gelöst werden kann, was zu Verfärbungen im fertigen Brand führt. Daneben legt sich an diesen Kratzern besonders leicht Stärke an, die dann ebenfalls wieder zum Anbrennen neigt. Zur Reinigung der äußerlichen Teile werden spezielle Kupferreinigungsmittel und Edelstahlreiniger angeboten, wobei Kupfer durch eine heiße Zitronensäurelösung ebenfalls sehr gut gereinigt werden kann. Die Reinigung der unzugänglichen Teile sollte durch Einweichen in einem laugenhältigen Mittel beziehungsweise mittels „Reinigungsbällen“ oder unter ständigem Wasserfluss erfolgen. Für die Reinigung des Geistrohres und des Kühlers sind unbedingt laugenhältige Mittel zu nehmen, da säurehältige Mittel die angefallenen Wachsausscheidungen nicht entfernen können. Weiter sind die durch Härtebildner entstandenen Ablagerungen an der Außenseite des Kühlers mit einer Säurelösung zu zersetzen und mit Wasser gründlich zu spülen. Dies ist deshalb notwendig, da bei geschlossenen Kühlsystemen der Wirkungsgrad des Kühlers deutlich verringert wird. Nach dieser Generalreinigung ist die Anlage wieder zusammenzusetzen.

PRAXISTIPP:

Nach der Generalreinigung sollten die Gläser abgenommen bleiben und der Kessel offen, damit er vollständig austrocknen kann, um eine unerwünschte Schimmelbildung zu vermeiden.

Vor der nächsten Verwendung ist ein gründliches Dämpfen empfehlenswert. Dafür wird der Kessel knapp über die Hälfte mit Wasser gefüllt und ohne dem Einsatz von Kühlwasser erhitzt. Der entweichende Dampf nimmt nun alle negativen Aromastoffe mit, zeigt undichte Stellen im System und entfernt die letzten Reste an Ablagerungen im Gerät. Dieses Dämpfen sollte auch nach dem Brennen von sehr intensiven Obstbränden oder Kräuterbränden erfolgen.

Lagerung der Destillate

Obstdestillate werden gewöhnlich nach dem Brennen einige Zeit gelagert, da sie im Allgemeinen unfertig und unharmonisch erscheinen. Durch den Brennvorgang sind die meisten Aromastoffe in ihrem Auftreten beeinträchtigt und vielfach gar nicht zu erkennen. Einzelne Aromastoffe entwickeln sich erst während dieser Lagerung oder wandeln sich erst zum gewünschten Aroma um.

Deshalb ist ein sofortiges Herabsetzen auf Trinkstärke nicht zu empfehlen (siehe Kapitel „Herabsetzen auf Trinkstärke“).

Für die Lagerung sind gewöhnlich zwei Punkte zu beachten:

- **Luftkontakt**
- **Wärmeeinwirkung**

Beide Komponenten lassen Destillate in kurzer Zeit altern. Positiv wirkt das Altern nur bei Destillaten, die erst nach einer langen Lagerung ihre Qualität entfalten. Destillate mit einem sensiblen Aroma sind nicht derartig zu behandeln, da das Aroma sonst zerfallen würde.

Besonders gilt dies für Williamsbrände und Quittendestillate, auf die sich Sauerstoffeinfluss sofort negativ auswirkt.

Zumeist genügt vor dem Herabsetzen auf Trinkstärke eine Lagerung von wenigen Monaten (1–2 Monate). Werden Destillate nicht sofort verkauft, so sollten sie auch weiterhin mit einem hohen Alkoholgehalt gelagert werden. Dies führt zu saubereren Bränden und hilft im Betrieb Lagerraum zu sparen.

Behälter für die Lagerung von Edelbränden

Die Lagerung kann in beinahe allen lebensmittelechten Behältern erfolgen. Gewissen langjährig benutzten Materialien ist dabei allerdings der Vorzug zu geben.

Für die Lagerung kommen Glas, Edelstahl, Keramik, Holz und alkoholbeständige Kunststoffe in Frage. Je nach Betriebsanforderung, Präsentation und Vermarktung sowie Platzangebot kann der Brenner zwischen diesen Behälterarten wählen.

Glasbehälter

Glasbehälter sind sicherlich die im bäuerlichen Betrieb immer noch am häufigsten verwendeten Behälter. Glasbehälter geben aufgrund der Neutralität von Glas keine Geschmacks- und Geruchsstoffe an den fertigen Brand ab. Glasbehälter, wenn sie hell gelagert werden, fördern die Reife eines Brandes. Als weiterer Vorteil ist die optische Kontrollmöglichkeit des fertigen Brandes zu erwähnen, denn Trübungen sind bereits im Glasbehälter zu erkennen. Nachteile sind der große Platzbedarf und die Gefahr des Zerbrechens. Glasbehälter werden in beinahe allen Dimensionen zwischen 10 und 50 Litern verwendet, wobei für gewöhnlich eine Dimension von 30 Liter als oberstes Limit anzusehen ist, wenn die Behälter noch transportiert werden sollen.

Edelstahlbehälter

Edelstahlbehälter sind ebenfalls geschmacks- und geruchsneutral, wobei sie besonders für größere Mengen in Verwendung sind. Edelstahlbehälter sind für licht- und sauerstoffanfällige Destillate zur Lagerung sehr gut geeignet. Gleichzeitig sind die meisten Edelstahlbehälter stapelbar, was nur einen geringen Lagerraumbedarf mit sich bringt. Edelstahl weist als großen Vorteil die beinahe Unzerstörbarkeit auf, was vor möglichen Verlusten durch Bruch schützt. Edelstahlkannen mit 20 bis 200 Litern Füllmenge lösen in vielen Qualitätsbetrieben die Glasbehälter ab. Auch die Auslasshähne dieser Kannen vereinfachen viele Tätigkeiten.

Keramikbehälter

Keramikgefäße sind neben Glas die am längsten in Verwendung stehenden Lagerbehälter. Keramik weist dieselben Vorteile bezüglich Dunkelheit auf wie Edelstahl, hat allerdings den Nachteil, dass Keramik ebenfalls bruchempfindlich ist. Gleichzeitig sind eventuelle Trübungen von außen nicht zu erkennen. Keramikbehälter sind in fast allen Größen bis ungefähr 500 Liter in Verwendung. Neue Keramikbehälter sind wegen der hohen Kosten nur noch in Schauräumen zu empfehlen.

Holzbehälter

Holzfässer sind für die Lagerung von Destillaten nicht mehr weit verbreitet. Holz hat immer den Nachteil, dass der Alkohol die Farb- und Geschmacksstoffe des Holzes herauslöst, was bei Edelbränden beinahe immer einen Farb- und Geschmacksfehler mit sich bringt. Ist der Ton jedoch erwünscht beziehungsweise will der Brenner seinen Kunden mit holzfassgereiften Produkten zum Kauf animieren, so liegt er voll im Trend. Produkte mit einem typischen und sauberen Holzcharakter entsprechen dem Zeitgeist und sind vielfach am Gaumen ein besonderes Erlebnis.

Alkoholbeständige Kunststoffbehälter

Diese Behälter werden gewöhnlich zur Lagerung von größeren Mengen an Destillat verwendet, wenn das Destillat auch transportiert werden soll. Diese Behälter, die teurer als Edelstahl sind, werden hauptsächlich von größeren Betrieben verwendet. Vereinzelt sind sie allerdings immer wieder auch für kleinere Betriebe zu bekommen, wo sie dann sehr wertvolle Dienste erfüllen können. Allerdings ist immer auf die Alkoholbeständigkeit zu achten. Billigbehälter, die nicht alkoholbeständig sind, können durch die aus ihnen herausgelösten Weichmacher beinahe jedes Destillat verderben.

Die zurzeit am häufigsten in Verwendung stehenden Behälter sind Glas- und Edelstahlgebinde.

WIES

Mögliche Fehler des Destillates und deren Beseitigung

Sollten schon fehlerhafte Raubrände weitergebrannt und nicht verworfen worden sein oder sind erst beim Feinbrennen mögliche Fehler aufgetreten, so erhält man ein fehlerhaftes Destillat.

Viele Fehler treten allerdings nicht sofort auf, sondern sind oftmals erst nach einer gewissen Lagerungszeit zu erkennen.

Die meisten Fehler in Destillaten sind allerdings nur durch Geschmacks- und Aromaeinbußen zu beseitigen, wodurch kein Qualitätsdestillat mehr herstellbar ist.

Sichtbare Fehler

Sichtbare Fehler sind jene, die im Schnaps schon deutlich zu erkennen sind. Diese Fehler, die auch ein Laie erkennt, sind noch am leichtesten zu verhindern. Sichtbare Fehler treten immer in Form von Verfärbungen und Trübungen auf.

Trübungen durch Härtebildner

Diese Trübungen entstehen durch Kalzium und Magnesium in fast allen Destillaten. Sie äußern sich durch weiße Flocken oder in Form eines weißen Niederschlags. Sie sind nach einer intensiven Kühllagerung einfach abzufiltrieren. Diese Trübungen treten immer beim Herabsetzen auf Trinkstärke auf und sollten beim Brenner kein Grund zur Beunruhigung sein.

Trübungen durch Schwermetalle

Schwermetalltrübungen zeigen sich in leichten Verfärbungen bis hin zu starken Trübungen. Sie treten in den verschiedensten Farben auf, wobei zumeist blau und grün überwiegt, was auf das Kupfer zurückzuführen ist. Verdunkelungen in Richtung schwarz deuten auf Eisen hin, das vielfach durch eiserne Vorlagen und eisenhältiges Wasser in das fertige Destillat gelangt. Kupfer und Eisen bilden mit den Härtebildnern Kalzium und Magnesium teilweise nur schwer entfernbare Verbindungen. Diese Verbindungen müssen wiederum sehr stark gekühlt und abfiltriert werden.

Unsichtbare Fehler

Mikrobiell bedingte Destillatfehler

Buttersäurestich

Buttersäurestichige Destillate treten vor allem bei warmer Witterung und hohen pH-Werten auf. Die Destillate erinnern im Geruch und Geschmack an ranzige Butter. Die Wiederherstellung solcher Destillate ist nicht möglich. Dieser Fehler ist durch eine saubere Maischeansäuerung allerdings sehr leicht zu verhindern.

Milchsäurestich

Obgleich die Milchsäure in der Maische bleibt, sind solche Destillate in Geruch und Geschmack soweit verändert, dass eine Wiederherstellung nicht möglich ist. Dies ist auf die vielen Gärungsnebenprodukte der Milchsäurebakterien zurückzuführen. Ein Milchsäurestich ist ebenso wie ein Buttersäurestich nur durch eine Esterspaltung zu beseitigen, wodurch ein völlig neutrales Destillat entsteht, das nur als Alkohol für Einreibezwecke verwendet werden kann. Im bäuerlichen Rahmen ist die Esterspaltung allerdings zu aufwendig, um wirtschaftlich angewandt zu werden.

Acroleinstich

Werden bitter gewordene Maischen destilliert, so zerfällt die bittere Gerbstoff-Acroleinverbindung wieder in ihre Ausgangssubstanzen, wobei Acrolein in allen Destillatfraktionen erscheint. Durch die aggressive, schleimhautreizende, an Tränengas erinnernde Substanz wird das Destillat vollkommen verdorben. Ein Acroleinstich ist durch eine wirkungsvolle Ansäuerung der Maische zu unterbinden. Vielfach sind die Maischen, die einen Acroleinstich aufweisen, nicht mehr fertig destillierbar.

Nicht mikrobiell bedingte Fehler

Metallgeschmack

Destillate mit einem kratzenden bitterherben Geschmack weisen zumeist einen Metallgeschmack auf. Dieser ist auf den Kontakt mit verschiedenen Metallen zurückzuführen. Ein Metallgeschmack ist durch ein Umbrennen beseitigbar, was allerdings Aromaverluste mit sich bringt.

Steingeschmack

Steingeschmack findet sich mehr oder weniger in allen Steinobstdestillaten. Die Ursache dafür, wenn der Steingeschmack überwiegt, liegt meist in einer zu weit reichenden Zerstörung der Steine. Dabei wird Amygdalin frei, das auf enzymatischem Weg in Glucose, Benzaldehyd und Blausäure gespaltet wird. Benzaldehyd und Blausäure erinnern an bittere Mandeln, weshalb dieser Ton auch als Bittermandelton bezeichnet wird. Ein Steingeschmack ist nur durch einen intensiven chemischen Einsatz zu entfernen, wobei das Destillat nur noch für mindere Zwecke geeignet ist. Gewöhnlich ist eine Entfernung wirtschaftlich nicht empfehlenswert.

Brenzliger Geschmack

Dieser ist zurückzuführen auf lokale Überhitzungen während des Brennvorganges. Die dabei gebildeten Zersetzungsprodukte von Zucker verleihen dem Destillat einen brenzligen, bitteren Geschmack. Solche Destillate sind nicht mehr reparabel und können nur noch entaromatisiert und für die Weiterverarbeitung verwendet werden.

PRAXISTIPP:

Grundsätzlich gilt, dass fehlerhafte Brände nicht in Verkehr gesetzt werden sollten, um dem eigenen Ruf nicht zu schaden. Besser einmal einen schlechten Brand wegschütten, als nie mehr einen guten verkaufen können.

Behandlungsmethoden für Destillate

Die Anforderungen an einen perfekten Edelbrand sind ständig im Wandel. Diesen können sich auch die Erzeuger von Bränden nicht entziehen.

Die Sauberkeit ist für viele Produzenten inzwischen selbstverständlich, allerdings werden damit auch oft gute Teile und einzelne Aromaverbindungen entfernt.

Durch die Auslotung der Grenzen passiert es immer wieder, dass leichte Destillatfehler, überdeckte oder verschleierte Fruchtaromen oder überhöhte Methanol- und Cyanid-Gehalte in den fertigen Bränden festgestellt werden können. Vor allem erhöhte Methanolwerte und der Gehalt an Cyanid ist durch gesetzliche Bestimmungen geregelt.

Während der Brenner hohen Cyanid-Gehalten durch Verwendung von Katalysatoren oder chemischen Verfahren vorbeugen kann, hängt der Methanolgehalt des Destillates vom verwendeten Obst ab. Da Methanol beim Brennen nicht im Vor- oder Nachlauf abzutrennen, sondern in allen Fraktionen in annähernd gleichen Konzentrationen enthalten ist, ist eine Reduzierung des Methanolgehaltes bei der Destillation für den Abfindungsbrenner mit den ihm zur Verfügung stehenden Brenngeräten nicht möglich.

Bei der herkömmlichen Methode der Oxidation und Lagerung, wo ein Teil des Methanols abgebaut wird, leidet auch das Aroma des Brandes. Dies konnte vor allem bei Williams-Christ-Birne und Quitte sehr deutlich bemerkt werden.

Die Technologie trägt diesem Kapitel Rechnung, indem magnetische Metallrohre und ähnliche Varianten die Inhaltsstoffe verändern können. Von all den ausprobierten Verfahren konnte nur das in Italien entwickelte CASCO-System entsprechende Erfolge zeitigen.

Das Verfahren beruht auf einer leichten Erwärmung des Destillates, wobei leichtflüchtige Komponenten verdampfen und am speziell geformten, extrem gekühlten Deckel der Anlage kondensieren. In Abhängigkeit von Behandlungstemperatur und Alkoholstärke des Destillates wird der Alkoholgehalt bei Rohdestillaten durch die Behandlung geringfügig, bei herabgesetzten Destillaten um 1–3 % Vol. vermindert.

Das Kühlen während der Behandlung zur Qualitätsverbesserung kann bei herabgesetzten Destillaten gleichzeitig als notwendige Vorbereitung für die anschließende Filtration erfolgen.

Ein Kompromiss zwischen Alkoholverlust und Qualitätssteigerung ist sicherlich in der Behandlungsintensität zu finden. Je hochwertiger die Qualität des zu behandelnden Destillates ist, desto tiefer kann die Behandlungstemperatur bei kürzerer Behandlungszeit sein. Entsprechend gering sind dann auch die Alkoholverluste. Dieses nicht billige, aber doch effiziente System wird inzwischen von einigen Spitzenbrennern eingesetzt und zeitigt auch entsprechende Erfolge.

Einstellen auf Trinkstärke

Unter dem Begriff „Fertigstellung der Destillate“ sind verschiedene Vorgänge vom starken Mittellauf bis zur Abfüllung in die Flasche zu verstehen.

Diese Tätigkeiten dienen der Qualitätssteigerung durch Senkung des Alkoholgehalts bis hin zur Stabilisierung und Klärung des fertigen Brandes.

Auch durch verschiedene Maßnahmen und Technologien ist es möglich, das Destillat noch zu verändern und zu verbessern.

Diese Arbeitsschritte sind:

1. **Enthärtung des Wassers**

2. **Einstellen auf Trinkstärke**

3. **Kühllagerung**

4. **Klärung und Filtration**

Enthärtung des Wassers

Die meisten Mittelläufe weisen einen Alkoholgehalt von über 40 % Vol. auf und müssen nach erfolgter Lagerung auf Trinkstärke eingestellt werden. Dies erfolgt mit Wasser, das einige Mindestanforderungen aufweisen sollte.

Mindestanforderungen für Einstellwasser

- möglichst weich
- keine Schwermetalle
- vollkommen geschmacks- und geruchsneutral

All diese Bedingungen erfüllt destilliertes Wasser, welches am häufigsten verwendet wird, allerdings nicht als das Ideal anzusehen ist.

Destilliertes Wasser ist ein „totes Wasser", das zwar die Mindestanforderungen erfüllt, aber nicht in der Lage ist, dem Produkt eine eigene Note zu verleihen. In Gedankenableitung der Whiskyproduktion, wo das Wasser das Getränk ausmacht, wäre für uns ein natürliches, weiches Quellwasser als sehr gut anzusehen. Um dies auch ausführen zu können, ist die Kenntnis der Wasserhärte von großer Bedeutung.

Die Wasserhärte ergibt sich aus dem Gehalt an Kalzium- und Magnesiumsalzen und wird in Grad Härte ausgedrückt, wobei ein Grad Härte einem Gehalt von 10 mg Kalziumoxid pro Liter Wasser entspricht.

0–4 °d	sehr weich
4–8 °d	weich
8–18 °d	mittelhart
18–30 °d	hart
über 30 °d	sehr hart

Zum Herabsetzen von Destillaten kommt nur sehr weiches Wasser in Frage. Die Salze kann man durch verschiedene Maßnahmen abscheiden beziehungsweise austauschen.

Möglichkeiten der Enthärtung von Wasser

- **Die Destillation von Wasser**
  Die Methode wirkt gut, ist aber meist zu teuer und unwirtschaftlich.
- **Abkochen des Wassers**
  Diese Methode ist nur für kleine Wassermengen geeignet.
- **Teilentsalzung durch Kationenaustauscher**
  Diese Methode ist die in der Obstbrennerei am häufigsten anzutreffende.

Die beiden erstgenannten Methoden sind aufgrund ihres hohen Energieverbrauchs und der relativ geringen Leistung nur sehr selten anzutreffen und sollten wirklich nur als Notlösung in Frage kommen.

Die Teilentsalzung mittels Kationenaustauscher ist die häufigste Art, wobei hier harte Mineralsalzionen gegen weiche ausgetauscht werden.
In diesen Geräten befinden sich wasserunlösliche Kunstharze, die an aktiven Stellen leicht abspaltbare Kationen (positiv geladene Ionen) angelagert haben.
Beim Kationenaustausch wird nun das zu enthärtende Wasser im Durchlaufverfahren in Berührung gebracht. Dabei werden die Härtebildner an den aktiven Stellen festgehalten und gegen die nicht harten Ionen ausgetauscht. Dadurch verliert das Wasser seine Härtegrade und wird zu weichem Wasser, ohne durch Hitze beeinträchtigt zu werden.
Diese weichen Natriumionen bilden nun im fertigen Destillat keine schwerlöslichen Salze und können demnach im Destillat keine Ausscheidungen hervorrufen.
Das Austauscherharz kann solange verwendet werden, bis keine freien Stellen mehr da sind, dann wird es mit Kochsalz regeneriert (Einbringung von Natriumionen).
Mit diesen Geräten ist es möglich, stündlich ungefähr 100 bis 120 Liter Weichwasser zu erzeugen. Die mögliche Wassermenge hängt von der Härte des zu bearbeitenden Wassers ab.

Reinigung eines Kationenaustauschers

Kationenaustauscher werden gewöhnlich mit einer zweiprozentigen Kochsalzlösung regeneriert. Dabei wird die Kochsalzlösung möglichst langsam (0,5 Liter pro Minute) durch den Kationenaustauscher geführt. Dieser Vorgang ist zweimal zu wiederholen. Anschließend wird der Austauscher solange gespült, bis kein salziger Ton im Wasser mehr zu erkennen ist.

Ist der Kationenaustauscher durch Wasserverunreinigungen sehr stark verschmutzt, kann das Austauscherharz entnommen werden, und in einem Kunststoffeimer in 0,5-prozentiger Salzsäurelösung 5 Minuten gereinigt werden. Anschließend ist das Harz mit Wasser zu spülen und mit Kochsalz zu regenerieren. Bei zu starker Verschmutzung sollte das Harz erneuert werden.

Ermittlung der Verschnittwassermenge

Bei der Ermittlung der Verschnittwassermenge ist man auf Alkoholherabsetztabellen und Temperaturkorrekturtabellen angewiesen. Dies aus dem Grund, da man Wasser und Alkohol nicht mit dem Mischungskreuz vermischen kann, denn bei dieser Mischung ist die Endsumme kleiner als die beiden Ausgangsmengen und der Alkoholgehalt dadurch immer nur ungenau ermittelt. Diese Erscheinung ist am größten, wenn Wasser und Alkohol zu gleichen Teilen gemischt werden. Aus diesem Grund sind Tabellen notwendig, die diese Kontraktion bereits miteinbeziehen.

Die **Verschnittwassermenge** wird nun folgendermaßen ermittelt:

1. Bestimmung der herabzusetzenden Alkoholmenge
2. Bestimmen des Alkoholgehaltes dieser Menge
3. Bestimmung der nötigen Wassermenge mittels Alkoholherabsetztabelle (siehe nächste Seite)
4. Zugabe des Wassers zum Brand
5. Gründliche Durchmischung
6. Kontrolle des Alkoholgehalts (Temperaturveränderung beachten)

Bei der Mischungstabelle für die Herabsetzung von Branntweinen ist in der senkrechten Spalte der Ausgangsalkoholgehalt zu finden. Von diesem wird waagrecht in die Spalte mit dem gewünschten Alkoholgehalt gelesen. Dieser Faktor wird dann mit der tatsächlichen Branntweinmenge multipliziert und durch 100 dividiert. Dies aus dem Grund, da der Faktor die Wassermenge für genau 100 Liter Branntwein angibt.

Die Kühllagerung

Auch bei einwandfrei enthärtetem Wasser können in herabgesetzten Destillaten Trübungen auftreten. Der Grund für diese Trübungen liegt in der schlechteren Löslichkeit von Salzen in niedrig alkoholischen Lösungen (die Trübungen treten zumeist erst unter 45 % Vol. auf). Da die Trübungen bei niedrigeren Temperaturen stärker auftreten, werden Destillate stark gekühlt, um die Trübungen entfernen zu können. Durch diese Kühlung können die Trübungsbildner weitgehend ausgeschieden werden.
Die Destillate werden bei Temperaturen unter 4 °C gekühlt, da ab dieser Temperatur die Löslichkeit sehr stark abnimmt. Grundsätzlich gilt: Je tiefer, desto besser, wobei zu beachten ist, dass die Destillate bei Temperaturen unter -15 °C schon sehr viskos werden und dadurch die Filtration erschwert wird. Die Zeit, währenddessen der Brand kühl gelagert wird, hängt von der Temperatur ab.

Kleine Mengen an Brand können sehr gut in der Kühltruhe gekühlt werden. Bei größeren Mengen empfiehlt es sich, auf die kalte Jahreszeit zu warten und dann den Brand auf Trinkstärke einzustellen und zu filtrieren.

Anhand der Farbe der Trübungsteilchen sind mögliche Fehler des Brandes zu erkennen. Sind die Trübungen zum Beispiel sehr grün gefärbt, so deutet dies auf eine Kupferlösung hin. Dieses Kupfer wird zumeist durch Essigester gelöst. Dieser Essigester stellt den Fehler in der Produktion dar. Allerdings können auch das Geistrohr oder der Kühler aus Kupfer sein, wobei dann eine Materialveränderung anzustreben wäre.

Die Filtration

Die Filtration von Destillaten zählt zu den schwierigsten Bereichen der Filtration, da die auftretenden Trübungen sehr fein und dadurch nur schwer abzufiltrieren sind. Gleichzeitig ist es schwierig, mit sehr feinen Schichtenfiltern zu arbeiten, da die zu filtrierende Menge oftmals sehr klein ist. Hinzu kommt, dass jede Filtration Aroma entzieht, so dass die Wahl der entsprechenden Filtrationsmethode sehr wichtig ist.

Als optimale Temperatur zur Filtration haben sich -3 °C herausgestellt. Bei dieser Temperatur ist eine gute Filtrationsleistung bei geringster Aromabeeinflussung gegeben.

Für die Filtration kommen folgende Möglichkeiten in Frage:

Branntweinmenge	Filter
Kleinstmengen bis 10 Liter	Faltenfilter Sackfilter Anschwemmfilter
Mittlere Mengen bis 50 Liter	Kleine Rundfilter Kerzenfilter Große Anschwemmfilter Kleinste Schichtenfilter
Größere Mengen über 50 Liter	Schichtenfilter (20 mal 20) Kerzenfilter Spezielle Branntweinfilter aus Edelstahl

Die meisten dieser Filter arbeiten sehr sauber und zuverlässig, wobei es bei Kerzenfiltern vereinzelt zu Problemen mit der Klärung der Produkte kommt. Bei Kerzenfilter sollte auch darauf geachtet werden, dass keine Aktivkohle in der Kerze ist, weil sonst die Aromabeeinflussung zu stark ist.

Als sehr gut wirksam, mit einer sehr sauberen Filtrationsleistung, sind Schichtenfilter anzusehen, die bei gewöhnlichen Aufführungen große Verlustmengen mit sich bringen. Bei teuren Produkten ist daher die Verwendung eines speziellen Branntweinschichtenfilters zu empfehlen. Dies sind zumeist Rundfilter aus Edelstahl, wobei meist mit zwei Schichten gearbeitet wird.

Anschwemmfilter und Trichterfilter werden nur bei Kleinstmengen verwendet. Für Mengen bis etwa 15 Liter ist die Filtrationsleistung sehr gut. Im Hobbybereich können auch größere Mengen damit filtriert werden. Für den größeren Produzenten kann der Zeitaufwand bei dieser Art der Filtration entsprechend groß sein, so dass die Wirtschaftlichkeit nicht gegeben ist.

Die Abfüllung von Edelbränden

Destillate sollte man erst nach der erfolgten Lagerung abfüllen. Destillate, die ungelagert und noch nicht fertig gereift in Flaschen gefüllt werden, zerstören auf lange Sicht den guten Ruf eines Betriebs, da diese Produkte zumeist eher scharf wirken. Bei der Abfüllung ist es wichtig, möglichst geringe Alkoholmengen und Aromaanteile zu verlieren. Gleichzeitig ist auch die Reinheit in der Flasche von großer Wichtigkeit. Weil Edelbrände vollkommen klar sind, ist es möglich, kleinste Verschmutzungen, wie sie bei länger gelagerten Flaschen auftreten können, in der Flasche zu erkennen. Auch bei dunklem Glas lassen sich Staubfäden in der Flasche erkennen. Insekten, wie sie vereinzelt in Flaschen zu entdecken sind, müssen vermieden werden. Zumeist wird die Abfüllung in kleineren Betrieben mittels einfacher Niveaufüller erfolgen. Bei größeren Mengen und wenn eine gleichbleibende Füllhöhe erreicht werden soll, empfiehlt sich die Verwendung eines Vakuumfüllers. Diese Geräte haben den Vorteil, dass sie selbstansaugend sind. Damit kann die Verschmutzung durch Insekten oder Staubteile aus der Luft ausgeschlossen werden, wenn der Brand im Lagerbehälter entsprechend rein ist. Als Verschlüsse werden Drehverschlüsse und verschiedene Korkarten verwendet. Griffkorken haben sich als Standard etabliert. Auch Kunststoffkorken kommen verstärk zum Einsatz, da sie das Risiko der Verfärbung und Geschmacksbeeinflussung ausschließen.

PRAXISTIPP:

Einen komfortablen Verschluss verwenden, da Edelbrandflaschen zumeist nicht beim ersten Öffnen ausgetrunken werden!

Die abgefüllten Flaschen sollten kühl und dunkel gelagert werden. Um Trübungen und Ausflockungen in der Flasche zu vermeiden soll die Lagertemperatur nicht unter der Kühltemperatur liegen. Diese Trübungen und Ausflockungen, die vom Konsumenten beim Wein toleriert werden, dürfen bei Destillaten nicht auftreten. Wenn derartiges passiert, sind die Flaschen zu öffnen und vollständig zu entleeren. Diese Brände müssen dann neuerlich gekühlt und filtriert werden.

Die Kennzeichnung von Edelbränden vor dem Verkauf

Werden Edelbrände und Schnäpse in Verkehr gesetzt, das heißt verkauft, vertauscht oder verschenkt, so sind sie nach der Lebensmittelkennzeichnungsverordnung zu kennzeichnen.

Dabei muss das **Etikett** folgende Informationen aufweisen:

Sachbezeichnung

Diese setzt sich bei allen Produkten aus der namensgebenden Obstart und dem Wort „Brand" oder „Wasser" zusammen – z.B. „Apfelbrand".

PRAXISTIPP:

Auch bei der Deklaration einer Sorte ist immer die Obstart zu nennen. Falsch: Golden Delicious-Brand – Richtig: Golden Delicious-Apfelbrand

Herstellername

Der vollständige Name des Herstellers oder der Firma, die den Brand produziert hat, muss am Etikett angegeben sein.

Adresse

Die vollständige Adresse des Betriebs ist am Etikett anzugeben.

PRAXISTIPP:

Telefonnummer und Webadresse sowie E-Mail gehören auch zur Adresse und erleichtern dem Kunden das Auffinden des Betriebs.

Abfindungsbrand

Wenn der Brand unter Abfindung hergestellt wurde, so ist dies in Österreich am Etikett zu deklarieren und auszuweisen.

Am besten wird der Wortlaut „Unter Abfindung hergestellt“ oder „Abfindungsbrand“ verwendet.

Nettofüllmenge

Der genaue Inhalt in Milliliter, Zentiliter oder Liter ist am Etikett anzugeben.

Chargen- oder Losnummer

Jede Charge erhält eine eigene Nummer, die vom Produzenten vergeben wird. Üblich ist dabei eine vierstellige Zahl mit einem vorgesetzten „L“ (von „Losnummer“). Diese Nummer sollte in einer Liste eingetragen sein und dient der Nachvollziehbarkeit einzelner Chargen.

Alkoholgehalt

Der Gehalt an Alkohol ist am Etikett mit einer maximalen Abweichung von 0,3 % Vol., auf eine Kommastelle genau, zu deklarieren. Dieser Alkoholgehalt wird üblicherweise folgendermaßen angegeben: alc. XX,X % Vol.

Das Etikett darf auch weitere Informationen zum Betrieb und über das Produkt enthalten.

Aussagen zu „natürlich“, „naturnah“ oder Ähnlichem dürfen am Etikett nicht verwendet werden. Ein Hinweis auf eine biologische Produktionsweise ist nur bei entsprechenden Betrieben gestattet.

Erdäpfel-
brand
1997
DI Angela Schmid
3761 Messern 2-3

EDELBRAND
Wilde Vogelbeere

Trendprodukte im Edelbrandbereich

Wie auch viele andere Produkte des täglichen Bedarfes unterliegen Edelbrände Trends und Veränderungen. Diese werden zum einen durch Verkostungen und Medien hervorgerufen, andererseits auch durch eine Änderung des Geschmacksverhaltens der Konsumenten.

Viele Trends werden von Journalisten und privaten Gemeinschaften forciert, die oftmals vom Brenner nicht nachvollziehbar sind.

Nur Trends, die auf Fachwissen der Verkoster und durch das Auswerten von Konsumentenbefragungen basieren, sind längerfristig am Markt positionierbar und sollten vom Brenner teilweise akzeptiert werden.

Wenn ein Fachmagazin für Konsumenten plötzlich aus Willkür oder aus der Laune eines Autors heraus einen Trend ausruft, so sollte dieser nicht unbedingt vom Brenner übernommen werden, denn viele Eintagsfliegen schaden dem Image des Betriebs.

Folgende **Trends** haben sich in den letzten Jahren herauskristallisiert und dürften scheinbar länger anhalten:

Zigarrenbrände

Dazu zählen Brände, die von Zigarrenliebhabern während des Rauchens genossen werden können. Auf Grund der Geschmacksfülle einer Zigarre sind diese Brände zumeist aromaintensiv, mit deutlichem Körper. Einige Betriebe arbeiten auch mit einem höheren Alkoholgehalt. Dabei haben sich Alkoholwerte um etwa 45 % Vol. etabliert. Holzfassgereifte Brände und Brände mit einer leichten Süße bringen hier die beste Kombination. Für den Brenner bietet dieses Thema eine breite Spielwiese und gute Möglichkeiten der Veredelung durch verschiedene Holzarten.

Der Trend zum „Hochprozentigen"

Dieser Trend wird von Lifestyle- und „Fachjournalisten" derzeit gefördert. Einige große Brenner haben ihre Produktlinie auf einen höheren Alkoholgehalt gebracht. Diese oftmals nur scharfen Brände sollen nun von diesen Journalisten etabliert werden. Dies ist nicht richtig. Richtig für den Qualitätsbrenner ist die Anpassung des Brandes an die typische Frucht und das Aroma. Brände sollen nicht mehr einheitlich auf 38,2 % Vol. eingestellt werden, sondern wenn es der Brand verträgt, kann auch ruhig einmal mit 43 % Vol. gearbeitet werden. Dies sollte vom Brenner entsprechend vorher ausgelotet und dann an das Produkt angepasst werden. Einzelne Obstarten zeigen erst dann die Pracht der Aromen im Glas.

Die Veredelung von Bränden – Liköre selbst gemacht

Das Weiterverarbeiten und Aromatisieren von Bränden erfreut sich seit vielen Generationen größter Beliebtheit. Dabei sind Zusätze von Blüten, bitter schmeckenden Stoffen und die Herstellung von Likören nicht uninteressant. Der folgende Abschnitt soll kurz die wichtigsten Grundlagen der Likörbereitung darstellen, um klassische Fehler zu vermeiden.

Liköre als Trendprodukte sind in beinahe allen Farb-, Geruchs- und Geschmacksrichtungen am Markt zu finden. Vielfach werden sie vom Konsumenten jedoch mit einem milden Lächeln abgelehnt, da bei den meisten immer noch das „Zuckerwasser“ im Hinterkopf verankert ist. Mit diesen Assoziationen ist es sehr schwer, noch einmal Gusto auf einen Likör zu bekommen.

Der Trend geht in letzter Zeit allerdings weg von derartig süßen und hochalkoholischen Produkten. Im Geist der Zeit kommen jetzt Liköre auf den Markt, die einen frischen, fruchtigen Eindruck am Gaumen hinterlassen, der nicht klebt. Nur das zarte milde Aroma reifer Früchte verbleibt dabei auf den Geschmacksknospen.

Die meisten Liköre haben **drei Ausgangsmaterialen** als Grundlage:

- Alkohol
- Zucker
- geschmacksgebende Substanzen

Alkoholarten für die Likörherstellung

Um einen möglichst typischen Likör herzustellen, sollte der Charakter des verwendeten Alkohols immer im Hintergrund bleiben.

Je neutraler der Ausgangsalkohol ist, um so typischer wird das fertige Produkt.

- Äthylalkohol landwirtschaftlichen Ursprungs (Monopolsprit)
- Fruchtbrände mit Aroma der Früchte
- entaromatisierte Fruchtbrände

Für einen aromaarmen Brand gibt es verschiedene Möglichkeiten. Dazu können möglichst aromaarme Früchte oder Weine verwendet werden. Man kann auch Aktivkohle verwenden, um dem Brand das Aroma zu entziehen.

Je nach Ausgangsprodukt sind dabei unterschiedliche Einsatzmengen notwendig. 50–80 g Aktivkohle je 100 Liter bei sauberen Fruchtbränden ohne nachfolgende Destillation, wobei die Aktivkohle bei einem trinkfertigen Produkt sicherlich am besten wirkt. Spätestens nach zwei Tagen muss die Aktivkohle dann abfiltriert werden, um eine nochmalige Freisetzung des gebundenen Geruchs und Geschmacks zu vermeiden.

Sollen Nachläufe oder stark fehlerhafte Produkte entaromatisiert werden, so sind Einsatzmengen zwischen 200 und 500 g je 100 Liter notwendig, wobei nach der Filtration eine nochmalige Destillation notwendig ist. Dies deshalb, da damit auch Alkoholfehler, wie sie derartige Produkte zumeist auch aufweisen, ausgebessert werden können.

Zuckerarten für die Likörherstellung

Nachdem der Gesetzgeber bei den Likören einen gewissen Mindestzuckergehalt (meist mehr als 100 g/Liter) vorschreibt, muss zum Erzielen eines süßen Geschmackes und des gesetzlichen Mindestwertes Zucker oder Sirup verwendet werden.

Als Grundlage wird in den meisten Fällen gewöhnlicher Weißzucker verwendet, dessen Körnung mittel oder fein sein soll, damit er leichter lösbar ist. Zur genauen Berechnung der Volumenveränderung ist es notwendig zu wissen, dass 1 kg Zucker in gelöster Form einen Raum von 0,625 Liter einnimmt.

In vielen Betrieben arbeitet man mit einer Zuckerlösung aus flüssigem Invertzucker, die selbst hergestellt werden kann. Dieser invertierte Zuckersirup weist gegenüber allen anderen Zuckerarten einen besonders hohen Grad an Zucker auf, der durch die Inversion nicht zum Kristallisieren neigt. Dadurch ist eine längere Haltbarkeit gewährleistet.

Um einen Liter Invertzucker herzustellen, sind 430 ml Wasser, 1 g Zitronensäure und 1 kg Zucker notwendig. Die Wassermenge wird zusammen mit dem Zucker unter ständigem Rühren solange erhitzt, bis die Zuckerlösung siedet. Wenn dieser Punkt erreicht ist, wird die Zitronensäure, die in einer sehr geringen Wassermenge gelöst wurde, in die siedende Zuckerlösung zugegeben. Dann erfolgt ein weiterer, zehn Minuten dauernder Kochvorgang. Der dabei auftretende weiße Schaum ist auf Unreinheiten im Zucker zurückzuführen und muss unbedingt abgeschöpft werden. Nach dem schnellstmöglichen Abkühlen sollte die Menge bei 20 °C genau einen Liter aufweisen. Sollte es zu wenig sein, so wird mit Wasser aufgefüllt. Die Zuckerlösung kann bei Verunreinigungen noch filtriert werden. Dieser Zuckersirup ist haltbar und kann auch längere Zeit gelagert werden.

Die geschmackgebenden Stoffe der Likörbereitung

Für viele selbst gemachte Liköre sind Früchte das Ausgangsmaterial. Besonders Beerenobst und sehr intensive Steinobstarten eignen sich hervorragend für diese Art der Verarbeitung. Wichtig ist, dass alle verwendeten Früchte den Grundanforderungen gesund, reif und sauber entsprechen. Aber auch Blumen, Blüten, Kräuter und Wurzeln lassen sich sehr gut auslaugen.

Wir unterscheiden hier aber zwischen Ansatzlikören, wie sie üblicherweise hergestellt werden, und Likören, bei denen Fruchtsaft mit Alkohol gemischt wird.

- **Saft – Alkohol – Zucker**
- **Angesetzte Früchte – Alkohol – Zucker**

Für letztere Variante eignen sich Schwarze Johannisbeeren, Himbeeren, Sauerkirschen, Quitten, aber auch Brombeeren, Heidelbeeren, Vogelbeeren, Schlehen und alle Kräuter und Blüten.

Der folgende Abschnitt beschäftigt sich mit der **Methode Saft – Alkohol – Zucker** genauer, da diese Liköre meist aromaintensiver sind.

Dabei sind einige grundlegende Punkte zu beachten:

Der Fruchtanteil

Von besonderer Bedeutung ist der Fruchtsaftanteil. Er sollte 40 bis 60 % des Likörs ausmachen, denn er verleiht dem Likör die entsprechend Fruchtnote. Wenn der Fruchtanteil geringer sein sollte, so ergeben sich zumeist sehr dünne Produkte mit wenig typischem Fruchtcharakter. Spezielle Beerenobstarten, die sehr aromaintensiv sind, können mit einem geringeren Fruchtanteil verarbeitet werden.

Der Zuckeranteil

Der Zuckeranteil kann je nach gewünschter Geschmackseinrichtung zwischen 100 und 400 g/l schwanken. Er setzt sich zum einen aus dem in der Frucht enthaltenen natürlichen Zucker und dem zugesetzten Zucker zusammen. Wichtig ist jedoch immer ein harmonisches Produkt, das heißt, das Zucker-Säure-Verhältnis muss immer ausgewogen sein. Sehr säurereiche Obstarten müssen mehr gesüßt werden. Bei sehr säurearmen Obstarten darf allerdings der gesetzliche Mindestanteil auch nicht unterschritten werden, was zum Beispiel bei Pfirsich oft zu einem etwas zu süßen Likör führen kann. Gewöhnlich liegt der harmonische Zuckergehalt bei ungefähr 150 g/l.

Der gewünschte Alkoholgehalt

Üblich sind Alkoholgehalte zwischen 18 und 30 % Vol., wobei höhere Gradationen nur bei speziellen Produkten erwünscht sind. Zumeist findet man derartig hohe Alkoholwerte nur bei sogenannten bitteren Likören, auch als „Magenbitter“ bekannt. Aber auch einzelne Früchte harmonieren mit einem etwas höheren Alkoholgehalt, so etwa die Quitte, die Schwarze Johannisbeere, die Eberesche und die Schwarze Apfelbeere. Zumeist liegt der geschmacklich optimale Alkoholgehalt jedoch bei einer Stärke von etwa 20 bis 25 % Vol.

Berechnung der Zusammenstellung bei Mischlikören

Berechnung der Alkoholmenge

Die Menge des benötigten Alkohols lässt sich auch rechnerisch, nach folgender Formel, ermitteln:

$$\frac{\text{gewünschter Alkohol (\% Vol.)}}{\text{vorhandener Alkohol (\% Vol.)}} = \textbf{Liter Alkohol für 1 Liter Likör}$$

Besteht ein Rezept aus mehreren alkoholhaltigen Komponenten, müssen die Alkoholanteile jeweils berücksichtigt werden. Dabei kann der Alkoholgehalt des Weines entweder dazugerechnet werden, was vielfach die einfachste Methode ist, oder um diese Menge weniger Brand zugesetzt werden.

Berechnung der Zuckermenge

Je nachdem, welche Zuckerart verwendet wird, kann der Zuckergehalt sehr einfach berechnet werden. Bei der Verwendung von flüssigem Invertzucker mit 72,7 % mas (= Massenprozent, bezogen auf die Trockensubstanz) kann der Zuckergehalt ohne Umrechnung genommen werden. Das heißt 1 ml Zucker entspricht 1 g/Liter. Wird gewöhnlicher Weißzucker verwendet, so ist die Volumenveränderung zu berücksichtigen. (siehe Zuckerarten)

Berechnung des Fruchtanteils

Nur bei der Verwendung von Saft kann der Fruchtanteil im vorhinein berechnet werden. Bei angesetzten Likören muss man sich auf die Auslaugung verlassen. Dabei gilt, dass ein Fruchtlikör mit einem Fruchtanteil von zum Beispiel 50 % mit 500 ml Saft je Liter Fertiglikör versetzt werden muss. In den meisten Fällen sollte die benötigte Menge bei der ersten Charge durch Vorproben ermittelt werden.

Ansatzliköre

Die Bereitung von Ansatzlikören ist zumeist einfacher als das Mischen, weil die großen Berechnungen wegfallen. Hier können fertige Rezepte verwendet werden.

Wichtig ist, dass der Zuckergehalt von 100 g Restzucker im fertigen Produkt erreicht wird. Deshalb sollten fertige Rezepte auch immer daraufhin kontrolliert werden, dass mindestens 150 Gramm Zucker je Liter verwendet werden, weil die

Früchte ja einen entsprechenden Teil aufnehmen. Dasselbe gilt für den Alkoholgehalt, auch dieser vermindert sich durch die Aufnahme in den Früchten.

Bei Blüten und Kräuterlikören hat sich eine warme Extraktion bei etwa 35 bis 40 °C als optimal erwiesen. Dabei werden verdünnter Brand und Zucker erwärmt und in warmem Zustand über die auszulaugenden Materialien gegossen. Die Wärme führt zu einem schnellen Auslaugen des Aromas und der Likör braucht nicht mehr in die Sonne gestellt zu werden.

PRAXISTIPP:

Liköre zum Auslaugen nie in die Sonne stellen, weil das UV-Licht das Aroma schädigt. Auch neigen viele Früchte dazu, dass sie durch Sonneneinstrahlung braun werden. Eher warm auslaugen wie oben beschrieben, und im Dunkeln stehen lassen.

Die Ermittlung des Alkoholgehalts

Bevor der Likör abgefüllt wird, muss der genaue Alkoholgehalt ermittelt werden. Die einfachste Methode dabei ist, eine Durchschnittsprobe an ein analytisches Labor weiterzureichen. Dieses Labor ermittelt dann den Alkoholgehalt und teilt dies dem Hersteller mit.

Sollte dies allerdings regelmäßig und oft erfolgen, so ist die Anschaffung einer eigenen Alkoholbestimmung billiger als die Laborkosten.

Die Abweichung vom zu deklarierenden Alkoholgehalt darf maximal ± 0,3 % Vol. betragen.

Eine Bestimmung mittels Alkoholspindel oder Biegeschwinger ist durch den Zuckergehalt leider nicht möglich.

Folgende Informationen müssen von einem **Liköretikett** abgelesen werden können: Die Sachbezeichnung, der Hersteller, die Füllmenge, der Alkoholgehalt mit einer maximalen Abweichung von 0,3% Vol. (in einem Labor untersuchen lassen) und die Losnummer sowie die Herstellung unter Abfindung (gilt für Abfindungsbrenner in Österreich).

Das richtige Verkosten von Edelbränden

Nachdem bisher Gedanken über die „Herstellung“ von Qualität im Mittelpunkt standen, betrachtet dieser Abschnitt das Verkosten von Edelbränden und die damit einhergehenden Schwierigkeiten und Vorgänge im menschlichen Körper etwas näher. Um einen Brand entsprechend verkosten zu können, bedarf es der vollen Einsatzfähigkeit von drei menschlichen Organen: des Auges, um die Farbe und das Aussehen zu beurteilen, der Nase, um die einzelnen Geruchsverbindungen festzustellen, und des Mundes, mit dem Sinnesorgan Zunge – um den Geschmack zu definieren.

Von Seiten der Psychologie werden bei der Verkostung **vier Aktivitäten** festgestellt:

- Die Intuition, die den ersten Eindruck darstellt. Am einfachsten kann sie folgend umschrieben werden: ***Ich glaube etwas zu erkennen.***
- Die Überlegung als zweiter Schritt lässt den Verkoster dann nachdenken, was das Produkt sein könnte. Etwa: ***Das könnte Steinobst sein.***
- Erst die Wahrnehmung als nächster Schritt lässt dann die einzelnen spezifischen Kriterien des Produktes erkennen. Die einfach Beschreibung würde hier lauten: ***Durch den Stein in der Nase und den typischen Zwetschkengeschmack am Gaumen ist das ein Zwetschkenbrand.***
- Dabei hat aber schon das technische Wissen als Viertes zugeschlagen. Der Verkoster weiß, dass Zwetschke so schmeckt und einen Steingeschmack haben kann.

Während all dieser Schritte vergehen nur Teile von Sekunden. Empfindungen unserer Nerven werden ins Gehirn weitergeleitet und wie in einem Puzzle zugeordnet. Und das Gehirn sagt uns dann, was wir zu sagen haben. Dabei hilft uns die Erinnerung und das Erkennen von bereits vorhandenen „Puzzleteilen“ in unserem Gehirn. Doch auch die dabei zu entwickelnde Sprache, mit der die einzelnen Empfindungen beschrieben werden können, gehört zu einem guten Schnapsbrenner.

PRAXISTIPP:

Viele Empfindungen beschreiben und festhalten sowie viel verkosten führt zu einem guten Merkvermögen und kann dann leichter abgerufen werden.

Die Fähigkeiten des Verkosters

Es klingt sehr angenehm, Schnaps zu verkosten, doch jeder Brenner wird bestätigen, dass dies eine schwierige Aufgabe ist. Zum einen durch die starke Beanspruchung der Geruchsnerven, die bei jedem unterschiedlich ausgeprägt sind. (Nur etwa 12 % der Bevölkerung sind in der Lage, einen Geruch richtig zu beschreiben und wiederzuerkennen. Der Rest erkennt den Geruch zwar wieder, kann ihn jedoch nicht richtig definieren, und einige erkennen den Geruch gar nicht mehr.) Deshalb ist es zum anderen notwendig, dem Produkt entsprechende Aufmerksamkeit entgegenzubringen. Auch diese geistige Tätigkeit ermüdet sehr stark. Vor allem, wenn viele verschiedene Produkte oder wenn viele Destillate derselben Obstart nacheinander verkostet werden. Dabei gewöhnt sich die Nase an bestimmte Geruchsverbindungen, das Ergebnis entspricht nicht mehr. Durch diese Belastung tritt auch eine immer stärker werdende Müdigkeit ein, durch die unsere Wahrnehmungsfähigkeit sehr stark geschwächt wird. Häufig ist dies schon nach etwa 10 bis 15 Destillaten einer Obstart festzustellen.

PRAXISTIPP:

Spätestens nach 15 Proben sollte eine Pause gemacht werden.

Der Vorgang beim Verkosten eines Brandes

Wie bereits oben beschrieben, beginnt man jede Verkostung mit dem Auge, dann folgt die Nase und erst zuletzt nimmt man den Brand in den Mund.

Aussehen

Das Aussehen eines Brandes ist entweder klar und farblos oder leicht gelb bis bernsteinfarben. Sollte der Brand trüb oder unnatürlich verfärbt sein, so deutet dies immer auf gravierende Fehler in der Produktion hin.

Geruch

Durch das kurze und oftmalige Abriechen eines Brandes („Schnüffeln wie ein Hund") können bei etwa 50 Millionen Riechzellen über 1000 Gerüche unterschieden werden. Nachdem die menschliche Nase nicht mehr alle Geruchsverbindungen differenzieren kann, werden diese Empfindungen ins Gehirn weitergeleitet und dann dementsprechend verarbeitet. Das Glas wird – ohne zu schwenken – an die Nase geführt und der Brand berochen. Erst nach dem ersten Abriechen erfolgt das Schwenken des Glases, um weitere Duftstoffe freizusetzen.

PRAXISTIPP:

Ein schräg an die Nase geführtes Glas hat eine größere Oberfläche. Es ist auch empfehlenswert, mit der besser ausgeprägten Nasenseite zu riechen. Dies ist bei Linkshändern zumeist die linke Seite, bei Rechtshändern die rechte.

Neben den Fruchtaromen werden hier auch die Reinheit und die Intensität sowie weitere Aromaverbindungen, die für den Gesamteindruck wichtig sind, mitbewertet. Als gut kann ein Brand beschrieben werden, der deutlich nach Frucht riecht, im Gesamteindruck in der Nase harmonisch ist und weder sticht noch brennt. Stoffe, die Abneigungen hervorrufen, sind als nicht entsprechend einzustufen und meist durch Fehler bei der Bereitung hervorgerufen.

Geschmack

Mit den Grundgeschmacksrichtungen süß, sauer, salzig und bitter sowie den aromatischen Verbindungen, die beim Ausatmen festgestellt werden, sind wir in der Lage, auf der Zunge den Geschmack festzustellen. Die Zunge ist in verschiedene Geschmackszonen unterteilt. Auf der Zungenspitze empfindet man süß, auf den vorderen Seitenrändern salzig, auf den hinteren Randzonen sauer und auf dem Zungenansatz nimmt man den bitteren Geschmack wahr. Der Brand wird in einem nicht zu kleinen Schluck in den Mund genommen und gleichmäßig auf der Zunge verteilt. Durch das Schlürfen und Schmatzen, bei dem Luft eingesaugt wird, werden die Aromastoffe freigesetzt und in den Nasen-Rachen-Raum transportiert.

PRAXISTIPP:

Versucht man einmal zu schmatzen und dabei auszuatmen, wird es nicht funktionieren. Also ist es wichtig, immer deutlich zu „belüften", wenn ein Brand ordentlich verkostet werden soll.

Der Brand verbleibt etwa 5 bis 10 Sekunden am Gaumen und wird anschließend ausgespuckt. Möglichst schnell danach sollte der Gaumen mit kaltem Leitungswasser ausgespült werden, um den Alkohol und die Geschmacksbeeinträchtigung gering zu halten. Ein guter Brand ist dabei mild, rund, elegant im Geschmack, in seiner Harmonie ausgewogen, geschmeidig und vielschichtig und von der Frucht als typisch, fruchtig mit deutlichem Charakter anzusehen.

Das richtige Glas bei einer Verkostung ist immer ein Thema. Jeder Hersteller und Glasdesigner bietet inzwischen schon Spezialgläser für einzelne Obstarten an. Verkostungen mit unterschiedlichen Gläsern zeigen auch unterschiedliche Ergebnisse. Bei großen Verkostungen wird zumeist mit bauchigen und sich in der Mitte verjüngenden Gläsern verkostet. Das perfekte Glas konnte bisher noch nicht entdeckt werden. Persönliche Präferenzen ergeben auch unterschiedliche Empfindungen.

PRAXISTIPP:

Man sollte stets mit demselben Glas verkosten und dieses auch bei der Präsentation beim Kunden verwenden, damit der Eindruck am Gaumen auch beschrieben werden kann. Beim Hersteller ist der Brand dann bekannt.

Auf jeden Fall sollte ein gutes Schnapsglas Eleganz und edles Ambiente vermitteln, da der Brand auch etwas Hochwertiges ist. Einfache Gläser aus dem Schihüttenambiente sind bei guten Produkten nicht mehr zeitgemäß.

Sensorische Vokabeln und ihre Basis

- **alkoholisch:** Äthanol
- **fuselig:** höhere Alkohole
- **grasig:** C-6-Aldehyde
- **grüne Blätter:** C-6-Aldehyde und C-6-Alkohole
- **krautig:** Hexanal, Hexanol, Butanol
- **grüner Apfel:** Trans-2-Hexanol
- **Apfel:** äthyl-2-methylbutyrat
- **parfümiert:** intensiv Fruchtester, Terpene
- **süßlich:** höhere Fruchtester, Vanille
- **würzig:** Terpenalkohole, Terpene
- **Muskat:** Linalool, Terpene
- **Bittermandel:** Benzaldehyd
- **oxidiert:** Acetaldehyd, fehlende Frucht
- **ölig:** Pflanzenöl, Hexenole
- **ranzig:** Fettoxidation, Buttersäure

Quelle: Seminarunterlagen für Verkoster, Bad Kleinkirchheim 1996

Kochen mit Edelbränden

Das Kochen mit feinen Edelbränden ist ein besonderes Vergnügen. Durch die Intensität der Fruchtaromen verleiht der Brand immer eine intensive Würze. Vom Löschen mit Bränden über das Flambieren mit Hochprozentigem bis hin zum Verfeinern von Saucen – alle Möglichkeiten sind offen. Der geübte Koch und die erfahrene Köchin finden viele Möglichkeiten, um Edelbrände in feine Gerichte zu verpacken.

Die folgenden wenigen Rezepte bieten einen kleinen Auszug aus den vielfältigen Möglichkeiten der guten Küche.

Steirischer Apfelpunsch

Zutaten für 4 Personen

Etwa 400 ml kalter schwarzer Tee, 600 ml Apfelsaft, 100 g Rohr- oder Kandiszucker, 500 g Äpfel, 1/2 frische Ananas, 1/2 Limette, 1 Stange Zimt, 3 Gewürznelken, 3 Korianderkörner, 3 Pimentkörner, 30 cl aromatischer Apfelbrand

Zubereitung

Zuerst Wasser und Tee aufkochen. Dann den Tee abseihen und auskühlen lassen. Apfelsaft und Tee in einen Topf gießen und den Zucker dazugeben. Die Früchte schälen und in dünne Scheiben oder kleine Stücke schneiden. In den Topf geben. Die Gewürze hinzufügen, umrühren und aufkochen lassen. Anschließend abseihen, den Apfelbrand zusetzen und möglichst heiß servieren.

Käseterrine mit mariniertem Chicoree

Zutaten für 4 Personen

200 g Cottage-Cheese, 1/8 l Obers, 100 g Sauerrahm, 5 Bl. Gelatine, 60 g Obers, Salz, weißer Pfeffer, Oregano, 20 Chiccoreblätter, 2 cl Williams-Christ-Birnenbrand, 4 cl Walnussöl, Salz

Zubereitung

Die Gelatine in kaltem Wasser einweichen. 1/8 l Obers erhitzen und die gut ausgedrückte Gelatine darin auflösen. Cottage-Cheese mit Sauerrahm, Salz, Pfeffer und gehacktem Oregano gut vermischen und die überkühlte Gelatine dazugeben. Kurz vor dem Absteifen das geschlagene Obers unterheben. Eine Terrinenform (4 x 25 cm) mit Klarsichtfolie auslegen und die Käsemasse einfüllen. Zugedeckt im Kühlschrank mindestens zwei Stunden anziehen lassen.
Die Chicoreeblätter kurz in Salzwasser überkochen und sofort in Eiswasser legen. Die abgetropften Chicoreeblätter sternförmig auf Teller legen. Den Birnenbrand mit Nussöl und Salz gut verrühren und über die Blätter träufeln. Terrine stürzen und in Scheiben schneiden. Auf den Blättern anrichten und eventuell mit gehackten Walnüssen bestreuen.
Variationen sind auch mit Kürbiskernen, Kürbiswürfeln und Ingwer möglich.
Als Garnitur können frische Kräuter und Wasserkresseblüten verwendet werden.

Karotten-Orangensuppe mit Himbeerbrand

Zutaten für 6 Personen

40 g Zwiebel, 50 g Butter, 5 große Karotten geschält, 1 rohe Kartoffel, 18 Stk. Orangenfilets, 1 l Orangensaft, 1/2 Hühnersuppe, 5 cl Himbeerbrand, 1 EL Honig, Salz, frischer Pfeffer aus der Mühle

Zubereitung

Fein geschnittene Zwiebel in Butter anschwitzen. Die Karotten und die Kartoffel in Stücke schneiden und kurz mitrösten. Den Orangensaft, Hühnersuppe, Gewürze und Honig beigeben und zum Kochen bringen. Alles sehr weich kochen und mit einem Stabmixer fein pürieren, bis eine glatte Suppe entsteht. Nötigenfalls durch ein feines Sieb streichen. Aufkochen und abschmecken und mit dem Himbeerbrand vollenden. Orangenfilets im Suppenteller anrichten und die heiße Suppe darüber leeren. Ein frisches Basilikumblatt als Garnitur geben.

Schweinsmedaillons auf Ananas-Curry-Kraut

Zutaten für 4 Personen

600 g Schweinsfilet – zugeputzt, 1/16 l Maiskeimöl, 4 cl Kirschbrand, 2 abgezupfte Korianderstiele, 1 Thymianzweig, 2 Knoblauchzehen, 1 Lorbeerblatt, Öl zum Braten, Salz, frischer Pfeffer aus der Mühle

Kraut: 200 g Weißkraut in 1 cm dicke Würfel geschnitten, 1/2 Ananas – in 1 cm dicke Würfel geschnitten, 3 EL Sesamöl, 50 g Zwiebel, 20 g Zucker, 4 cl Kirschbrand, 1/4 l Hühnersuppe oder Gemüsefond, 1 EL Currypulver – am besten Madrascurry, Salz, Pfeffer aus der Mühle, 10 g Maisstärke, etwas Wasser

Zubereitung

Schweinsfilet in 12 gleich große Stücke teilen – mit dem Maiskeimöl und den restlichen Zutaten marinieren bzw. einlegen. In ein flaches Geschirr schlichten und zugedeckt einige Stunden kalt stellen.

Zwiebel in Sesamöl anschwitzen – Zucker dazugeben und kurz durchrösten. Nun das Weißkraut hinzufügen und mit Wasser ablöschen, anschließend den Kirschbrand zugeben – nach kurzem Durchschwenken Currypulver einrühren und mit der Hühnersuppe auffüllen. Kochen, bis das Kraut weich ist. Nötigenfalls noch etwas Suppe nachgeben. Mit Salz und Pfeffer abschmecken – die Ananaswürfel dazugeben – aufkochen und mit etwas Maizena (angerührt mit Wasser) leicht binden.

Die marinierten Schweinsmedaillons aus dem Öl nehmen, salzen, pfeffern und in einer heißen Pfanne anbraten.

Im Rohr bei 150 °C ca. 10–12 Minuten braten – herausnehmen und zwei Minuten rasten lassen. Dabei einige Male wenden.

Beim Anrichten das Kraut auf einen warmen Teller setzen und die fertigen Schweinsmedaillons darauf geben.

Als Beilage eignen sich alle Arten von Reis besonders gut.

Zur Dekoration sind rote Chilifäden oder frische Kräuter empfehlenswert.

Hirschrückensteak auf Hagebutten-Apfelsauce und Serviettenschnitte

Zutaten für 4 Personen

640 g Hirschrückenfilet – in 4 Stk. à 160 g geteilt, Salz, 1/16 l Öl, 4 cl Vogelbeerbrand, Rosmarin, Thymian, geschroteter Pfeffer

Sauce: 10 Beutel Hagebuttentee, 1/2 l Wasser, 3 Äpfel, 1/8 l Rotwein, Salz, Pfeffer, Aromat, 10 g Maizena, etwas Wasser, 1 EL Honig, 2 EL Marillenmarmelade, 40 g Zucker, 1 Prise Cayennepfeffer, 4 cl Apfelbrand
Serviettenschnitte: 200 g Knödelbrot, 80 g Butter, 1/4 l Milch, Muskatnuss, 2 Eier – getrennt

Zubereitung

Die geschnittenen Steaks mit dem Öl, dem Brand und den Gewürzen marinieren und einige Stunden im Kühlschrank ziehen lassen.
Sauce: Das Wasser und die Beutel aufkochen und 5 Minuten ziehen lassen. Abseihen. Die Flüssigkeit mit den Äpfeln, Rotwein, Gewürzen, Honig, Marillenmarmelade und dem Apfelbrand sowie dem Zucker zum Kochen bringen und 10 Minuten leicht ziehen lassen. Nun, wenn nötig, abschmecken und im Mixglas oder Stabmixer ganz fein pürieren und durch ein feines Sieb streichen. Zuletzt – sollte die Sauce noch zu dünn sein – die Maisstärke mit etwas Wasser verrühren und die Sauce damit binden.
Serviettenschnitte: Das Knödelbrot mit warmer Milch vermengen und aufsaugen lassen. Die Butter schaumig rühren und die Eidotter nach und nach einrühren und wenig Muskat gerieben dazugeben. Das Eiweiß zu steifem Schnee schlagen. Nun das Knödelbrot, den Butterabtrieb und den Schnee locker vermengen. Die Masse wird in einer dicken „Wurst" auf ein Stück Klarsichtfolie gegeben, übergeschlagen und eingerollt und zwar so, dass keine Klarsichtfolie die Masse eingedreht wird, sie soll die Knödelmasse nur umschließen. Beide Enden zubinden und in leicht gesalzenem, nicht mehr kochendem Wasser ca. 20 Minuten ziehen lassen.
Die Steaks aus der Marinade nehmen und mit Salz und frischem Pfeffer aus der Mühle würzen und beidseitig in einer heißen Pfanne anbraten. Rohr auf 150 °C vorheizen und die Steaks unter mehrmaligem Wenden ca. 15 Minuten braten. Anschließend herausnehmen, zwei bis drei Minuten rasten lassen und wiederum öfters wenden.
Je länger die Steaks im Ofen bleiben, desto mehr werden sie durchgebraten. Beim Anrichten einen Saucenspiegel machen und das Steak darauf setzen. Die Serviettenschnitte aus der Folie nehmen, in dicke schräge Scheiben schneiden und auf den Teller dazulegen.
Zu Wild passen immer Preiselbeeren, Rotkraut, aber auch alle anderen Sorten von Gemüse. Auch verschiedene Marmeladen aus Zwetschke, Quitte oder Zwergorange sind sehr beliebt.
Frische Kräuter wie Rosmarin oder Thymian passen auch zur Dekoration.

Gebackener Schafkäse auf Zwetschkensauce

Zutaten

100 g Zwetschken, 0,15 l frischer Apfelsaft, 2 EL Zucker, 0,1 l Schlagobers (Sahne), 1 großer Jonagold, 350 g Schafkäse, 2 Eier, 40 g fein geriebene Mandeln, 2 cl Zwetschkenbrand

Zubereitung

Den frischen Schafkäse mit den fein geriebenen Mandeln panieren und in heißem Fett herausbraten. Währenddessen die Zwetschken entsteinen, mit Apfelsaft, Schlagobers, Zucker und Zwetschkenbrand im Mixer zu einer Sauce mixen und durch ein Sieb auf den Teller streichen.

Den heißen Schafkäse darauf geben und mit Apfelscheiben servieren. Dieses Gericht kann natürlich auch mit anderen Käsearten und Walnüssen zubereitet werden.

Kokosschmarren mit Weinbrandsauce

Zutaten für 4 Personen

Schmarren: 70 g Kokosraspel, 4 Eier, 80 g glattes Mehl, Salz, 1/8 l Milch, 30 g Kristallzucker

Rumsauce: 30 g Kristallzucker, 1 Eidotter , 1 TL Vanillezucker, 1/8 l Milch, 1/2 TL Vanillepuddingpulver, 4 cl Weinbrand, 2 EL Rosinen, 3 EL Butter oder Butterschmalz, Staubzucker zum Backen

Zubereitung

Kokosraspel auf ein Blech geben und im Rohr bei 200 °C hellbraun rösten und gleich vom Blech nehmen, da sie sonst rasch zu dunkel werden.

Für die Sauce Vanillepuddingpulver mit etwas Milch verrühren. Dotter einrühren. Restliche Milch, Kristallzucker und Vanillezucker aufkochen. Vanille-Ei-Gemisch einrühren, aufkochen und so lange köcheln, bis der typische Pulvergeschmack nicht mehr spürbar ist. Weinbrand einrühren. Rosinen kurz vor dem Servieren in die Sauce geben.

Für den Schmarren Eier in Dotter und Klar trennen. Dotter, Mehl, Vanillezucker und eine Prise Salz mit Milch glatt rühren. Falls sich Knollen bilden, Teig durch ein Sieb streichen. Aus Klar und Zucker Schnee schlagen und mit Kokosraspel unter den Teig heben.

Etwas Butter in einer Pfanne schmelzen. Teig ca. 1 cm hoch eingießen und anbacken. Teig mit einer Palette oder Teigkarte wenden. Pfanne im Rohr bei 180 °C ca. 5 Minuten fertig backen. Schmarren herausnehmen, etwas ausdünsten lassen und in große Stücke teilen.
Schmarren auf die Sauce setzen und mit Staubzucker bestreuen.

Birnen-Tiramisu

Zutaten für 8 Personen

4 große, reife Birnen, 6 EL Zitronensaft, 1/2 l Birnensaft, 1 Pkt. Vanille-Puddingpulver, 400 g Mascarpone, 300 g Topfen, 90 g Staubzucker, 100 ml Orangensaft, 1 TL Zimt, das Mark von 2 Vanillestangen, 1 Karton Biskotten, 100 ml Williams-Christ-Birnenbrand

Zubereitung

Die reifen Birnen schälen, das Kerngehäuse entfernen und in schmale Scheiben schneiden. Die frischen Birnenscheiben mit dem Zitronensaft beträufeln und mischen. Den Birnensaft aufkochen. Puddingpulver mit 40 ml vom aromatischen Birnenbrand glatt rühren und in den Birnensaft einrühren. Nochmals aufkochen lassen, danach die Birnenscheiben hinzugeben und bei geringer Hitze garen. (Die Birnenscheiben sollen noch bissfest bleiben!) Auskühlen lassen. Inzwischen Mascarpone, Topfen, Orangensaft, Vanillemark und Zimt mit dem Puderzucker verrühren. Eine rechteckige Form mit Biskotten auslegen und diese mit dem restlichen Birnenbrand beträufeln. Nun abwechselnd Birnen, Biskotten und die Topfenmasse aufstreichen. Möglichst 24 Stunden im Kühlschrank ziehen lassen. Mit Zimt bestreuen und servieren.

Kleines Brennervokabular

Abfindungsbrand: Alkohol, der zumeist im bäuerlichen Bereich hergestellt wird und zumeist steuerbegünstigt ist. Verschiedene Beschränkungen sind dabei hinzunehmen.
Acrolein: Ein tränengasartiges Stoffwechselprodukt, das durch Erdbakterien verursacht wird.
Alkohol: Begriff für weitestgehend reinen Äthylalkohol landwirtschaftlichen Ursprungs.
Aräometer: Senkspindel zum Bestimmen des Alkoholgehalts. Sie ist in den unterschiedlichsten Ausführungen erhältlich.
Äthylalkohol landwirtschaftlichen Ursprungs: Reiner Alkohol, wie er die Grundlage für viele weitere Verarbeitungsprodukte und Spirituosen ist. Definiert in der Spirituosenverordnung (EU) 1576/89.
Benzaldehyd: Geschmack nach Bittermandel. Unerwünscht, wenn er zu hoch wird.
BfB: Bundesmonopolverwaltung für Branntwein (Deutschland)
Biegeschwinger: Gerät zur Kontrolle der Dichte. Sehr genau und wird bei großen Betrieben zur Alkoholbestimmung eingesetzt. Auch als Handgerät erhältlich.
Blase: Das Herz des Brenngerätes. In diesem Raum wird die Maische erhitzt und der Vorgang des Destillierens ausgelöst.
Böden: Die Reinigungsvorrichtung in der Kolonne. Üblicherweise Glocken oder Siebe.
Brennbuch: Darin zeichnet der Brenner alle Vorgänge und Tätigkeiten, die mit der Maische und der Destillation in Zusammenhang stehen, auf.
Codex: Richtlinie für den Umgang mit Lebensmitteln. Darin werden alle Produktionsrichtlinien geregelt.
Dephlegmator: Der oberste Teil des Brenngerätes oder der Kolonne, in dem die aufsteigenden Dämpfe üblicherweise mit Wasser gekühlt und somit gebremst werden.
Destillation: Physikalischer Vorgang, bei dem der Alkohol aus der Flüssigkeit oder Maische über eine gasförmige Phase abgetrennt wird.
Edelbrand: Alkohol, der aus Obst oder mehligen Stoffen gewonnen wurde und der höchsten Qualitätsklasse entspricht. Es wird kein „fremder" Alkohol zugesetzt.
Enzyme: Natürliche Hilfsstoffe, die beinahe alle Vorgänge in der Natur steuern und beim Brenner zum Aufschließen von Maische benötigt werden.
Ester: Ergebnisse natürlicher Reaktionen in der Maische, die von unangenehm bis sehr aromatisch riechen und ein Bestandteil des Brandes sind.
Feinbrand: Das „Herzstück" des Brandes bei einer Kolonnendestillation, oder der Mittellauf bei doppelter Destillation. Dieser Teil wird gewöhnlich für den Edelbrand verwendet.
Fermentation: Jegliche Gärung wird als Fermentation bezeichnet. Dabei werden natürlich vorhandene Stoffe durch Bakterien oder Hefen umgewandelt.
Fraktion: Teil des Destillates, der je nach Qualität getrennt wird. Üblicherweise Vor-, Mittel- und Nachlauf.
Fusel: Ausdruck für minderwertige Alkoholarten. Üblicherweise höher siedende Alkoholarten, die im Nachlauf zu finden sind.
Geist: Produkte, bei denen Beeren mit reinem Alkohol überzogen und anschließend destilliert werden.
Hefe: Einzellige Lebensform, die üblicherweise Zuckerarten in Alkohol umwandelt.
Ionentauscher: Gerät zur Enthärtung von Wasser. Wird bei hartem Wasser empfohlen.
Isoamylalkohol: Hauptalkohol, im Vorlauf zu finden. Deutlich stechend in der Nase.
Katalysator: Gerät zur Reinigung während des Brennens, mit sehr großer Kupferoberfläche. Damit kann der Cyanidgehalt deutlich verringert werden.
Kolonne: Umgangssprachliche Bezeichnung für den Feinbrennaufsatz eines Brenngeräts.
Maische: Ist das zerkleinerte Obst, das zum Gären vorbereitet wird.
Methanol: Anderer Ausdruck für Methylalkohol. Ursprünglich immer dem Vorlauf zugeordnete Alkoholart, die für den Me schen schädlich ist. Der Anteil an Meth nol im Brand ist gesetzlich limitiert.
Mittellauf: Ausdruck für den verwendet Teil eines Brandes. Der Hauptanteil Äthylalkohol ist in diesem Abschnitt finden.
Nachlauf: Höhersiedende Alkohole, die na dem Mittellauf aus dem Brenngerät ko men. Sie sind am Gaumen durch ein deu liches Brennen und auf der Zungenaußе seite durch Schärfe erkennbar. Daneben oftmals bei starkem Auftreten ein dumpf Kesselgeschmack zu bemerken.
Olfaktorisch: Geruchsnerv in der Nase, d die Empfindungen ins Gehirn weiterleitet
Pektin: Stoffe, die als Kittsubstanz im Ze gewebe dienen. Werden mittels Enzym au geschlossen.
pH-Wert: Faktor, der für die Sicherheit d Gärung und des fertigen Brandes vom Bre ner unbedingt berücksichtigt werden mus
Refraktometer: Gerät zur Zuckerbestim mung in der Maische. Arbeitet mit der Lich brechung von Prismen.
Schlempe: Rückstand der Branntweinb reitung, der als Futtermittel oder Düng großflächig verwendet werden kann.
Sorbit: Unvergärbarer Zucker, der vorwi gend in Wildfrüchten und Mostbirnen vo kommt.
Spindel: Messwaage zur Kontrolle des A kohol- oder Zuckergehaltes. Die Anzeig erfolgt durch die Eintauchtiefe in eir Flüssigkeit.
Verzuckerung: Die Aufspaltung von Stärk in Getreide, dass die einzelnen Zucker ve gärbar machen soll.
Vorlauf: Erster Teil des Feinbrandes od des Brandes in der Kolonne, der deutlic nach Klebstoff riecht und schmeckt. Ge kennzeichnet durch Isoamylalkohol un Essigsäureester.
Zucker: Unabdingbarer Stoff für die Ede brandproduktion. Durch enzymatische Spa tung in der Hefe wird daraus Alkohol.